george berkeley

人类知识原理和三篇对话

Principles of Human Knowledge
Three Dialogues between Hylas and Philonous

[英]乔治·贝克莱/著　张桂权/译

人民出版社

人类知识原理

海拉斯与菲洛奴斯的三篇对话

人类知识原理

本书依据版本为：*Principles of Human Knowledge, Three Dialogues between Hylas and Philonous* by George Berkeley, volume II of *The Complete Works of George Berkeley,* edited by A. A. Luce and T. E. Jessop（Nelson, 1948-1957）。

《人类知识原理》1710 年在都柏林（Dublin）第一次出版（A 版），1734 年在伦敦（London）与《海拉斯与菲洛奴斯的三篇对话》合集第二次出版（B 版）。《海拉斯与菲洛奴斯的三篇对话》分三次出版：1713 年 A 篇，1725 年 B 篇，1734 年 C 篇。这里所用的版本是 1734 年的合集版本，由 A. A. Luce and T. E. Jessop 编入《乔治·贝克莱全集》第二卷，全集于 1948—1957 年在英国托马斯·纳尔逊出版公司出版。

中译本前言

　　乔治·贝克莱（1685—1753），是西方近代伟大的哲学家之一。他是因捍卫唯心主义而出名的天才形而上学家，他认为实在只是由心灵及其观念构成的，他坚持了世界的统一性。一般认为，他是主观唯心论的发明者。贝克莱的体系，给人们的强烈印象是反直觉的，所以很容易受到责难。他的被研究最多的著作《人类知识原理》和《海拉斯与菲洛奴斯的三篇对话》，不但写得漂亮，而且充满了令现当代哲学家喜欢的论证。他还是一个涉猎广泛的思想家，对宗教、视觉心理学、数学、物理学、道德学、经济学、医学都有兴趣。虽然很多初读贝克莱著作的人不能理解他，但他直接影响了休谟和康德，间接影响了后来的哲学史。西方哲学史给他留下了重要位置，人们要研究西方哲学，就不能绕开贝克莱。在当代，贝克莱的著作仍是学生和研究者必读的著作。当我们研究现象学、科学哲学的时候，仍然可以从贝克莱那里找到思想资源。

一、贝克莱的生平与著作

1685 年 3 月 12 日，贝克莱出生于爱尔兰基尔肯尼郡。1700 年，贝克莱进入爱尔兰都柏林三一学院，1707 年被选为三一学院教管会成员。在接下来的三年间他发展了自己的体系，写下了大量的哲学笔记，这些笔记现在以《哲学评论》的名义出版。1709 年，他出版《视觉新论》。1710 年，他被任命为爱尔兰教堂牧师，并在这一年首次出版了他的主要著作《人类知识原理》。1713 年，他第一次访问英格兰和牛津大学；在这一年出版了《海拉斯与菲洛奴斯的三篇对话》的第一篇。1716—1720 年，他作为克洛赫主教儿子的私人教师，在法国和意大利旅行。1720 年，他应巴黎皇家科学院的悬赏征文，写了《论运动》一文，该文于第二年在不列颠出版。但令人遗憾的是，他在这次旅行中丢失了《人类知识原理》的第二部（论精神、心灵部分）。1720 年，"南海泡沫事件"[①] 使贝克莱对欧洲的理想破灭，他

[①] "南海泡沫事件"（The South Sea Bubble）发生于 18 世纪初的英国。1719 年，英国政府允许中奖债券与南海公司股票进行转换。同年年底，南美贸易障碍扫除，加上公众对股价上扬的预期，促进了债券向股票的转换，进而带动股价上升。1720 年，南海公司承诺接收全部国债，作为交易条件，政府要逐年向公司偿还，公司允许客户以分期付款的方式来购买公司的新股票。1720 年 2 月 2 日，英国下议院接受了南海公司的交易，南海公司的股票立即从每股 129 英镑跳升到 160 英镑；当上议院也通过议案时，股票价格涨到了 390 英镑。投资者趋之若鹜，其中包括半数以上的参众议员，就连国王也禁不住诱惑，认购了价值 10 万英镑的股票。股票供不应求，价格狂飙。

计划到新世界办学院，即著名的"百慕达计划"：在美洲的百慕达地区建立一所"圣保罗学院"，自己任校长，由三一学院和英国部分教师前去任教，招收美国印第安人和当地有志于宗教事业的英国青年学习宗教神学。1724 年，贝克莱被任命为德里教区教长。1726 年，政府准许拨款 2 万英镑作为在新世界建学院的资金。1728 年，贝克莱与安妮·弗洛斯结婚；婚后，贝克莱起航前往美洲弗吉尼亚。1729 年，贝克莱到达罗德岛纽波特，住在那里等待拨款并传教，写作了《艾尔西弗隆》。等了两年多，1731 年，贝克莱得知拨款不会支付，于是回到英格兰。1733 年，贝克莱出版《关于视觉理论的辩护与解释》。1734 年，贝克莱升任爱尔兰克洛因教区主教；他住在克洛因，办理主管教区的事务，为爱尔兰州的改善而工作，直至 1752 年。1734 年，他出版《分析学家》，并出版《人类知识原理》第二版（B 版，与《海拉斯与菲洛奴斯的三篇对话》合集出版）。1735 年，他出版《保卫数学中的自由思维》。1735 年至 1737 年，他写的《提问者》的三部分分别在这三年间出版。1744 年，他出版《西利斯》。1752 年，贝克莱离开克洛因前

从 1 月的每股 128 英镑上升到 7 月的每股 1000 英镑以上，6 个月涨幅高达 700%。但是到 1720 年底，政府对南海公司的资产进行清理时，发现其实际资本已所剩无几，那些高价买进南海股票的投资者遭受巨大损失。此后较长一段时间，民众对于新兴股份公司闻之色变，对股票交易也心存疑虑。历经一个世纪之后，英国股票市场才走出"南海泡沫"的阴影。"南海泡沫"与 1720 年的法国"密西西比泡沫"及 1637 年的荷兰"郁金香狂热"，是西方历史上早期爆发的三大泡沫经济事件。

往牛津，看望他进入大学的儿子。1753 年 1 月 14 日，贝克莱在牛津去世，被葬于牛津基督教会大教堂。他和妻子育有三个孩子。

二、贝克莱的《人类知识原理》

我们现在来介绍《人类知识原理》。在贝克莱一生中《人类知识原理》出版过两次：1710 年在都柏林第一次出版（A 版），1734 年在伦敦与《海拉斯与菲洛奴斯的三篇对话》合集第二次出版（B 版）。现在通用的是 1734 年的版本。

我们知道，有两条原理已经成为常识。一条是，我们直接意识到物理对象；另一条是，物理对象独立于我们而在我们的心外存在。贝克莱的新哲学主张这两条原理在其自然的意义上都是不成立的。如果我们直接意识到的是我们心中的观念而不是外部世界，那么我们就不能理解这种幼稚的实在论。以洛克为代表的新哲学，因此抛弃了对表象实在论有利的幼稚实在论。对比起来，贝克莱主张，观念就是我们意识到的物理世界本身，我们意识到的东西只能是依赖心灵的观念。因此，贝克莱被迫得出这样的结论：物理世界本质上是由我们心中的观念构成的——它们的存在就是被感知，对于物质的对象来说，存在就是被感知。所以，贝克莱不是抛弃了直接的实在论，而是抛弃了物质世界独立于心灵的原理。在贝克莱看来，世界只是经验的产物。然而，如果世界只是经验的话，那就有经验的起源问题，因为经验不能通过主体和独立于物理世界的心灵的相互作用来解释。所以，对于贝克莱来说，自然的替代解释就是：上帝直接在我们心中产生了经验，这些经验被认为构成了物理世界。在这一方案中，我们直接熟知物理世界，这样就消除了怀疑论的诱惑，上帝成为了世界在每时每刻的存在所必需的。这就是《人类知识原理》所要表达的核心思想。

我们分析一下《人类知识原理》的结构和主要内容。全书只有两大部分，"导论"和"正文"（由于第二部分手稿遗失，所以正文第一部分就成为唯一的正文）。

在导论（共 25 节）中，贝克莱只表达了一个主题：批判"抽象观念"（abstract Idea）。这是语言和方法论的批判，可以说是本书的纲领。本书的主题是批判物质的独立存在，证明非物质主义原理。如何实现这一主题，贝克莱的策略就是进行语言和方法论的批判，证明"物质"不过是一个抽象观念，既然抽象观念根本不成立，那物质就不成立。可以说，贝克莱的论证思路简直无懈可击。

贝克莱批判抽象观念时直接针对的是洛克的观点，因为洛克在《人类理智论》直接提出了"抽象观念"的概念，并讨论了如何形成"抽象观念"。但是，相信抽象观念其实是西方哲学的古老传统，从苏格拉底寻求普遍定义开始，整个西方哲学都在寻求抽象观念或普遍概念。因此，贝克莱的批判实际上是针对整个西方哲学的，至今仍然是一个热点问题。贝克莱的立场其实是唯名论的立场，在当今哲学界仍有附和者，比如维特根斯坦。

"正文"可分为四个层次。

第一层次，1—33节，是贝克莱正面阐述自己的唯心论观点。贝克莱把所有存在者分为两种：观念和精神（心灵）。观念是被动的、依附的，只能依赖心灵或精神而存在。所有认识的对象都是感觉或观念，因而只能依赖心灵或精神而存在，除了心灵或精神实体之外，在心外（without the mind）不存在任何其他东西，因而在贝克莱看来设想无思想的物质存在是矛盾的。

贝克莱批评了洛克对"原始性质"和"次生性质"（或译"第一性的质"和"第二性的质"）的区分。洛克认为，事物的原始性质，如广延、尺寸、运动等，是事物的真实状况的反映，而次生性质，如颜色、味道、痛觉等不是事物的真实状况的反映，而是原始性质在我们心中引起的感觉，因而是主观的。洛克的观点预设了外部事物的独立存在，这是与贝克莱的观点相反的，所以贝克莱要批判洛克的观点。贝克莱认为，不但次生性质是主观的，所谓的原始性质也是主观的，是依赖人的心理构成、位置、角度的，所以并不能真实反映"外部事物"，因为根本就不存在无思想的"外部事物"。贝克莱的结论是："说无思想的事物绝对存在、与它们的被感知无关，这似乎是完全不可理解的。它们的存在就是被感知（Their *Esse* is *Percipi*），脱离心灵或感知它们的能思想的

东西，它们就根本不可能存在。"（"正文"：第 3 节）

这一层次还有一个重要内容，就是论述另一类存在者即心灵或精神实体。"除了无数的各种观念或认识对象以外，还存在认识或感知它们的某种东西，它对它们施加不同的活动，如意愿、想象、记忆。这个能感知的、积极的存在者就是我叫作**心灵、精神、灵魂**或我**自身**的东西。我用这些词语不指代我的任何观念，而是指与观念完全不同的东西：观念存在于其中，或者通过它观念被感知，因为一个观念的存在就在于被感知。"（"正文"：第 2 节）贝克莱的这一段话说得再清楚不过了，我几乎不需要再说什么。只需补充一点，贝克莱认为，这类精神实体是存在的唯一实体，它包括三种：作为心灵或精神的我自己、他人的心灵或精神、上帝。可以说，贝克莱是历史上少有的一元论者，他彻底解决了世界的统一性问题。

第二层次，从 34 节到 84 节，是贝克莱预计的对他的新理论的 17 个反驳[①]，以及他对这些反驳的答复。反映了贝克莱思考的精细和缜密，他将别人对他的新理论进行反驳的所有可能性几乎都想到了。尽管就主要观点来说，这一部分有许多重复甚至啰嗦（贝克莱本人也意

---

① 我们随便列举几个：如果按照贝克莱的观点，那么"自然中所有真实存在的东西都被逐出了世界"；"真实的事物和事物的观念之间存在巨大差异"；贝克莱的理论"使万物不断地创造和毁灭"；"如果广延和形象存在于心中，那么心灵就是有广延的、有形象的"；贝克莱的理论"削弱了微粒哲学的说明价值"；"用精神代替自然原因那是荒谬的"。

识到这一点），但是，有许多值得赞赏的地方。因为在答复对他的新理论的反驳或责难的过程中，贝克莱使用了大量的论证，而不是简单的断言，这是真正意义上的哲学思维。

第三层次，从85节到134节，是贝克莱讨论他的新哲学带来正面的或积极的结果。"接下来我们就可以考察一下我们的原理会产生什么结果。有些结果一看就显现出来，比如那些被大量思考的困难的、晦涩的问题，已经完全从哲学中驱逐出去了。有形的实体能否思想？物质是否是无限可分的？物质是怎样作用于精神的？古往今来，这些问题和类似的研究给哲学家们带来了无限的乐趣。但是，这些研究既然都依赖**物质**的存在，那么根据我们的原理它们就不再有任何地位了。在**宗教**和**科学**方面，我们的原理还有其他益处，这是任何人根据前面所说的东西都可以推出来的。"（"正文"：第85节）看来，贝克莱对自己的新理论自信满满。最主要的积极效果就是可以消除怀疑论。贝克莱认为，相信外部事物的存在，"假设感官的对象有两重存在——一重是**可理解的**或者在心中的，另一重是**真实的**和在心外存在的……这是最无根据、最荒谬的观点，它是**怀疑论**的真实根源。因为，只要人们认为，真实事物存在于心外，并认为他们的知识只有在符合**真实事物**时才是**真实的**，那就可以得出结论：他们不能确定他们有任何真实的知识。因为，怎么可能知道，被感知的事物符合不被感知的或心外存在的事物呢？"（"正文"：第86节）贝克莱在这里对唯物论的反映论提出了迄今为止最尖锐的挑战，可惜除了康德等人之外，少有人注意到。那些激烈批判贝克莱的主观唯心论的人，根本没有正面回应贝克莱的挑战。

97—117 节：贝克莱澄清作为抽象概念对待的被搞混淆了的各种科学概念，如时间、空间、运动，可以说这几节是对牛顿的绝对的空间观、时间观、运动观的批判。118—134 节：澄清被抽象观念学说搞混淆了的数学概念。贝克莱的批判虽有一些道理，但总的说来与现代科学相去甚远。

第四层次，从 135 节到 156 节，贝克莱专门讨论了精神的本性和作用。贝克莱认为，我们不可能有心灵或精神的观念（idea），因为观念是被动的，而心灵或精神是主动的，是用来感知观念的，它们根本不同类。如果认为有心灵或精神的观念，那就把心灵或精神也变成被动的了，这是与他主张的学说相矛盾的。但这不意味着心灵或精神是无意义的，我们不能对它说什么。"或者人们会说，这只是一个语词之争，既然大家都同意其他名称的直接含义被叫作**观念**，那就没有理由说，用**精神**或**灵魂**的名称表示的东西，不能分有这同一个称号。我的回答是，精神的所有无思想的对象，都与它们的完全被动性一致，它们的存在只在于被感知；但是，灵魂或精神是主动的存在者，其存在不在于被感知，而在于感知观念或思想。因此，为了避免含糊其辞，避免把本性完全不同的东西混淆起来，我们区分了**精神和观念**。"

（"正文"：第139节）当然，贝克莱承认，"在较广的意义上，也可以说我们拥有**精神**的观念，更确切些说是精神的概念（notion），即我们理解这个词的意义，否则我们不能肯定或否定它的任何东西。"（"正文"：第140节）总之，贝克莱虽然退了一步，承认在较广的意义上，也可以说心灵或精神是"观念"或"概念"（为了述说的方便），但是坚持了心灵或精神实体与观念的本质区别。

关于灵魂的自然不灭性，贝克莱说："我们已经表明，灵魂是不可分的、无形的、无广延的，因此是不会朽坏的。更为明显的是，自然物体常常发生的运动、变化、衰败、解体（我们用自然过程来表示它们），不可能影响一个主动的、单纯的、非组合的实体，因此这样一个存在者不能被自然力所分解，也就是说，**人的灵魂在自然中是不朽的**。"（"正文"：第141节）相信灵魂不灭是做一个基督徒的基本前提，因为相信灵魂不灭才会相信上帝永存。贝克莱作为主教，当然首先是一个基督徒。就是非基督徒，也有很多人相信灵魂不灭，比如佛教徒相信灵魂转世，也是以灵魂不灭为前提的。还有，彻底的唯心论者也是相信灵魂（精神）不灭的，比如黑格尔。

最后一个精神实体自然涉及上帝。贝克莱对于上帝讲了两个主要意思。第一，上帝是可知的。我们从"自然事物的恒常的规则、秩序和连结"中，从"较大物体的令人吃惊的宏伟、美丽和完善"中，从"所造物较小部分的精细设计"中，"显然可见，上帝正如别的异于我们自己的那些心灵或精神，是明确地、直接地被认识的。我们甚至可以断言，上帝的存在比人的存在还被人更加明显地感知到，因为自然的结果比归属于人的结果多无数倍、重要无数倍。凡能表示人的符号，或由人产生的结果，都强烈地表示那个精神即**自然的作者**的存在。"（"正文"：第 147 节）"显而易见，任何稍微能思考的人都可以看到，上帝或亲切地呈现给我们心灵的那个精神是存在的，他在我们心中产生了所有的持续影响我们的不同观念或感觉，我们绝对地、完全地依赖上帝。一句话，**我们在他之中活着、运动和存在**。"（"正文"：第 149 节）我们明确地、直接地认识到上帝，贝克莱的这一结论否定了洛克认为我们不能认识上帝的观点。然而，贝克莱的后继者休谟、康德都是否认我们能认识上帝的，倒是批判贝克莱的黑格尔认为人能认识上帝。

第二，恶的问题或神正论的问题，即面对恶的存在如何证明上帝的正义。从 151 节到 154 节，贝克莱讨论了恶的问题。我们知道，世人不相信神的理由之一就是认为，如果上帝是全知、全能、至善的，那怎么解释世界上的众多的恶呢？怎么解释恶人过得好、好人受贫穷呢？这是后来休谟反对信仰上帝的理由之一。

有人提出，妖怪、早产、花期枯萎的嫩果、在沙漠中落下的雨水、伴随人生的不幸，都足以证明：整个自然体系不是由具有无限智慧和善意的精神来推动和管理的，即这些不完满否定了上帝的存在。贝克莱回答说："要想依据最简单、最一般的规则，并且按照一种稳定的、一贯的方式来运行，上述的自然的方法显然是绝对必需的，这证明了上帝的**智慧**和**善意**。……上帝按照普遍的、确定的规律来运作，这是指导我们的人生事务所必需的，是让我们窥见自然的秘密所必需的。"（"正文"：第151节）贝克莱的意思是，这些我们看起来不完满的东西，是上帝按照普遍的、确定的规律来运作的一部分，它们是合乎规律的，而我们所谓的不完善只是我们主观的看法而已。他在下一节进一步论证说，自然中的缺点和污点，自有其用处：它们扩大了被造物其余部分的美丽，就像一幅画中的阴影能衬托更明亮的部分。还有，"当我们指责，种子和胚胎的浪费、植物和动物在完全成熟之前遭受意外的破坏，是**自然的作者**的轻率行为造成的时候，这样的指责是否来自我们太熟悉的无能力、爱节俭的人所养成的偏见？"（"正文"：第152节）"全能的精神凭单纯的**命令**或他的意志的行动就能无差别地产生任何事物。因此，自然事物的丰富多彩，显然不能解释为产生它们的那位作者的弱点和浪费，而应看成是他的丰富能力的证明。"（"正文"：第152节）贝克莱的思路的确很新颖。

如果说，前两节是贝克莱对自然事物的"不完善性"进行辩解的话，那么下一节（第153节），就是贝克莱对世间的恶进行辩解。"至于由普遍的自然律和有限的不完善的精神的行为所产生的世界上的各种痛苦或焦虑，在我们现在所处的状态下，是我们幸福的绝对必要的条件。但是，我们的视野过于狭窄，例如，我们想到某一特殊痛苦的观念，就认为它是**恶的**；反之，如果我们扩大自己的视野，理解事物的各种目的、联系和依赖性，观察在什么情况下、以何种比例我们为痛苦和快乐所激动，观察人的自由本性，观察我们被放入世界中的计划，那我们不得不承认，那些特殊的事物，就它们自身来考虑显得是**恶的**，但是联系整个存在者的体系来考虑时，它们都具有**善**的本性。"（"正文"：第 153 节）贝克莱的观点很明白，人世间的痛苦和焦虑是幸福的必要条件。人们只是视野狭窄，才认为痛苦是恶的。如果我们的视野足够广大，比如有神的视野，就能明白：这些就自身看起来是恶的东西，在整体中其实是善的。这里突出地表现了贝克莱的辩证法思想，也表现了贝克莱能够从个体视角和整体视角两个不同视角来看问题的能力。我认为，这样的神正论论证并不亚于莱布尼兹的论证，但在国内哲学界少有人提及它（所以我在这里讲得比较详细），这令我感到意外。

在最后一节即 156 节，贝克莱作了总结："在我们的研究中，首先值得做的是要考察上帝和我们的责任，促进这种考察是我劳动的主要意图和目的。因此，如果我所说的东西不能鼓励我的读者虔诚地意识到上帝的在场（presence），那我认为我的劳动是完全徒劳无益的。但是，我既已指出学者们主要从事的那些不结果实的思辨是虚假的、无聊的，那就可以更好地使他们崇敬和信奉福音书的有益的真理，因为认识和实践那些真理，人性才能达到至善。"这段话是贝克莱作为一个主教的真情流露，但不是作为哲学研究应主要关注的东西。

贝克莱哲学对唯心论的详细论证、对唯物论的鲜明批判，在哲学史上留下了灿烂的一页，迄今仍在影响哲学界。唯物论者如狄德罗认为，贝克莱的哲学最荒谬，却无法反驳，这是哲学的耻辱；先验论者康德也把反驳贝克莱的唯心论作为自己的任务；贝克莱的唯心论还影响了现象学者胡塞尔；科学哲学中"被观察物离开观察者是否存在"的问题其实也可追溯到贝克莱。

三、有关的中译本

本书最早的中译本由著名翻译家关文运（本名关其桐，1904—1973）先生翻译，1936年在商务印书馆出版。1973年，该书经洪谦先生校对，由商务印书馆再次出版，是中国大陆目前唯一通行的中译本。该译本是我国高校学生、学术界及广大读者了解贝克莱哲学的最直接的材料，功不可没，我也是从读这部中译本开始的。近年来，我在研究贝克莱哲学和指导研究生研习贝克莱哲学的过程中，对照英文原文发现其有一些错译、误译，有的地方按我的理解其意思是相反的。这样的译文对我们理解和研究贝克莱哲学会造成很大的误解。于是，自2015年夏天，我放下其他研究工作，找来国际上公认的《贝克莱全集》中《人类知识原理》原文，历时三个月完成翻译。我又多次校对，添加了英汉译名对照表和索引。我的译文尽管纠正了关译本的一些错漏，但我不敢自诩是完善的译本。这个译本是否要好一些，请读者来评判好了。如果读者发现我的译本有错，请不吝赐教，不要考虑面子问题。中国人好面子的传统严重阻碍了学术批评的开展，这是中国学术进展缓慢的原因之一。西方人在这一点上比我们做得好。亚里士多德毫不客气地批评了他的老师柏拉图的主要理论，柏拉图有没有觉得很没面子？西方人是否谴责亚里士多德对老师不尊重？都没有。为什么？在追求真理的道路上，唯有真理，其他都是浮云。

张桂权

2016 年 1 月 9 日

于成都·四川师大明珠园

补记：

　　关于 knowledge 一词的翻译，需要说明一下。在英文中表达"知识"和"认识"的都是这个词，而中文的"知识"和"认识"是有区别的："知识"强调认知的结果，而"认识"强调认知的过程。贝克莱在书中是在这两种意思上使用 knowledge 的，所以我根据上下文译成"知识"或"认识"。

译者

2021 年 7 月 4 日

序　言

6　　我在这里所发表的理论，经过了长时间的、审慎的研究，在我看来明显是真实的，对于要认识的东西来说它不是无用的。尤其是对那些受到怀疑论训练，或者要求证明上帝的存在和非物质性，或者要求证明灵魂的自然不朽性的人来说，我的理论是否有用，我请读者予以公平的考察。因为我觉得，我需要进一步关心的不是我写的东西是否获得成功，而是它是否符合**真理**。但是，为了使本书不遭致误解，我要求读者悬置判断，直至他已经（至少一次）将全书通读了一遍，而且要带着该书的主题似乎应得的细心和思考来通读。因为，如果读者断章取义，就会导致明显的误解（这是不可补救的），而且会用最荒谬的结论予以责难，但是在细读全书之后，就不会得出这些最荒谬的结论。同样，虽然人们通读了全书，但是如果是快速地通读的，我的意思也是很可能被误解的。不过，对于边读边思的读者而言，我自我表扬说，我的著作是非常清楚和明白的。至于下面的某些观点可能具有的新奇性和独特性，我希望自己无需辩解和说明。一个人如果只是因为一种本可证明的真理是新认识的、是与人类的偏见相反的，就拒绝它，那他

要么是太脆弱了，要么是太不懂科学了。我认为预先讲
这么多是合适的，这是为了尽可能防止有一类人的轻率
指责，因为他们在没有正确地理解一种观点之前，就容
易责备它。

导　　论

7　　1.* 哲学只是用来研究智慧和真理的，因此我们有理由期待，那些在哲学上面花费了最多时间和辛苦的人比其他人，应当享有内心的更多的平静和安宁，对知识更明白且有更多的证据，不会由于怀疑和难题而陷入不安。但是，我们反而看到，那些行走在浅显的常识大道上、被自然的命令所统治着的大多数目不识丁的人才是如此，因为他们中的绝大多数是心安的和泰然自若的。对他们来说，凡熟悉的东西都不是不可理解或难以理解的。他们并不抱怨在自己感官中证据的缺乏，并且也没有变成**怀疑论者**的所有危险。然而，一旦我们离开感官和本能，遵循较高原理，对事物的本性进行推论、思索和反思，则我们对以前似乎充分理解了的事物就会产生千百种疑虑①。感官的偏见和错误到处都呈现在我们眼前；我们如果想努力通过理性来纠正这些，就会不知不

---

* 贝克莱在本书中采用分节（section）的形式写成，但他并没有用"节"或"节"的符号如 §，只用罗马数字表明节数，但本书中提到相关的文字时，都用"××节（section）"，后来的出版者改用了阿拉伯数字。中译本所依据的版本是用阿拉伯数字表示节，因此，中译本"第××节"即指这个阿拉伯数字。——译者

① 经典的例子，参见笛卡尔：《第一哲学沉思集》中的"第一个沉思"。——译者

觉地陷入奇异的悖论、难题、前后矛盾，而且一旦我们往前思辨，这些东西还会成倍增加，直至这样：在经历了许多曲折的迷宫之后，我们发现自己正处在原来所在的地方，或者更糟糕的是，发现自己处在绝望的怀疑论中。

2.人们以为，造成这种情况的原因是事物的模糊不清，或是我们理智的自然缺失和不完善。据说，我们所拥有的才能是极少的，而且自然所设计的这些才能只是用于维持生计、享受生活，而不是深入事物的内部本质和组织①。此外，人心是有限的，当它处理带有无限性的事物时，如果陷入荒谬和矛盾，我们不必感到惊异；具有无限本性的事物不能被有限事物所理解，因此人心不可能从荒谬和矛盾中解脱出来。

3.但是，或许是由于我们太偏爱自己，才把过错独出心裁地置于我们的才能中，而不说我们错误地使用了这些才能。很难猜想，从真实原理而来的正确推理会得出不能坚持或内容不一致的结论。我们应当相信，上帝已经很慷慨地对待了人类，他不会只给了他们强烈的求知欲，而又使他们永远得不到相应的知识。这是与惯用的、宽容的天佑法不一致的。因为不论在创造物中植入了何种欲念，通常都要向它们提供一些方法，如果正确地利用这些方法，它们就会获得满足而不会失败。总之，我倾向于认为，迄今哲学家们用于自娱的、阻碍了

8

---

① 参见洛克：《人类理智论》第一卷第2章第5节，第四卷第3章第6节。——译者

通往知识之路的那些难题，大部分（即使不是全部）都是来自我们自己的。我们先是扬起了灰尘，然后抱怨说：我们看不见！

4. 因此，我的目的就是尝试，我能否发现将所有疑惑、不确定性、荒谬和矛盾引进了各种哲学派别的那些原理，最聪明的人凭借这些原理认为我们的无知是无药可救的，认为这种无知来自我们才能的天生愚笨和局限。的确，严格探究**人类知识**的第一原理，审查和考察它们的各个方面，这是很值得我们费心的一项工作。尤其是，我们有几分理由可以猜想，心灵在追求真理时妨碍它的那些障碍和困难，不是来自对象中的晦暗和错综复杂或是理智中的自然缺陷，多半是来自被坚持的、本来可以避免的虚假原理。

5. 这样的企图似乎很困难、很令人沮丧，因为我知道，在我之前已经有很多伟大、杰出的人士参加到同样的方案中来。然而，我并非毫无希望。我想到，最大的视界并不总是最清楚的，而近视的人必须把对象拉近，他也许可以通过更近的、更仔细的观察，识辨出有更强眼力的人所看不到的东西。

9　　6. 为了使读者的心灵易于想象下面所说的东西，我们可以恰当地预先就语言的本性和误用提出某种观点，作为导论。但是，要阐明这一点就使我在某种程度上过早地提出了我的方案，我注意到什么东西似乎是产生复杂、难解的思辨的主要部分，什么东西似乎引起了存在于几乎所有知识部分的无数错误和困难。我的观点是，这种东西就是认为心灵具有形成事物的**抽象观念**或概念的能力。一个人只要不是完全不熟悉哲学家的著作和争论，他就必须承认，哲学家中绝非小部分人都把时间花在抽象观念上了。这些抽象观念以更加特别的方式被认为是以**逻辑学**和**形而上学**命名的科学的对象，也就是一切所谓的最抽象、最崇高的学问的对象；在所有这些学问中，几乎难以发现以这种方式来处理的任何问题，它不假设抽象观念存在于心中，不假设心灵非常熟悉它们。

7. 从各方面看人们都同意，各种事物的诸性质或样式决不可能各自独立地存在，而与所有其他性质或样式分离开，可以说它们是在同一个对象中交互混杂而存在的。但是，我们被告知，心灵能够单独地考察每一性质，或者从与它结合的其他性质中进行抽象，心灵借此对它自己形成抽象观念。比如，有一个视觉感知到的有广延、有颜色、能运动的对象，心灵就把这个混杂的、复合的观念分解成简单的、构成的部分，并且与其他部分分离开单独地看待每一部分，以形成广延、颜色、运动三者的抽象观念。这并不是说，颜色或运动能够离开广延而存在，而只是说，心灵能够通过抽象对它自己形成排除了广延的颜色观念，或排除了颜色和广延的运动观念。

8. 还有，心灵观察到，在被感官感知的特殊广延物中，既有共同的、相似的东西，又有特殊的东西（比如这种或那种形状或大小）把它们同其他东西区别开来。

心灵自己分开考察或挑拣出共同的东西，由此形成最抽象的广延观念，它既不是线、面，也不是体，也没有任何形状或大小，而只是一个从所有这些东西中脱离出来的观念。同样，心灵不考虑感官所感知到的、相互区分开来的特殊颜色，而只保留所有颜色中共同的东西，以形成抽象的颜色观念：它不红、不绿、不白，也不是任何其他确定的颜色。类似地，通过抽象地考察不只来自运动物体的运动，而且来自它描述的形状的运动，来自所有特殊方向和速度的运动，抽象的运动观念就形成了：它同等地对应于感官所感知到的所有特殊运动。

9.当心灵对自己形成抽象的性质观念和样式观念时，它也借助同样的精确性或精神的分离作用，获得了更复杂的存在者的抽象观念，那些观念包含了几种共存的性质。例如，心灵观察了**皮特**、**詹姆斯**和**约翰**，他们在外形和其他性质上有某种共同一致的东西、相互类似，但心灵不考虑它所具有的**皮特**、**詹姆斯**和任何其他特殊的人的复杂观念或复合观念——这是专属每个人的，而只保留所有人共同的东西，这样就形成了一个抽象观念。在这个抽象观念中，所有特殊的个人都同等地参与了，这个抽象观念与所有那些决定一个任何特殊存在者的环境和差异切断了联系、完全从中抽象出来。在这样做了以后，据说我们就得到了**人**（如果您愿意，也可说人类或人性）的抽象观念。在人的抽象观念中，确实包含了颜色，因为不可能存在没有某种颜色的人，但此时这种颜色既不是白的，也不是黑的或任何其他特殊的颜色，因为不存在一种供所有人分享的特殊颜色。同样，在人的抽象观念中也包括了身材，但此时的身材既不高也不矮，也不是中等身材，而是从所有这些身材中抽象出来的东西。说到其他性质也是这样。此外，还有大量的其他生物，它们也参与了复杂的**人**的观念的一些部分（但不是全部），因此心灵可以省略人类特有部分，而只保留所有生物中共同的东西，以形成**动物**的观念，这个观念不只是抽象自所有特殊的人，而且抽象自所有的鸟类、兽类、鱼类和昆虫类。动物的抽象观念的组成部分是身体、生命、感官、自发运动。这里的**身体**指的是，没有任何特殊外形或形状的身体，因为没有任何一种外形或形状是动物共有的：动物没有如毛发、羽毛、鳞片等遮盖物，也不是裸体的——毛发、羽毛、鳞片、裸体都是特殊动物的识辨性特征，因此不能计算在动物的**抽象观念**中。基于同样的理由，自发运动既不是行走，也不是飞翔，还不是爬行，但仍然是运动，可它究竟是何种运动却不是容易想象的。

11

10.别人是否有这种奇特的**抽象他们的观念**的能力，他们自己最清楚；就我自己来说，我确实发现我有能力想象或对我自己呈现我感知到的那些特殊事物的观念、不同地组合和区分事物的观念。我可以想象一个人有两个头或是人的上身和马的躯体结合在一起。我可以抽象或离开身体的其他部分，单独考虑手、眼、鼻本身。但是此时，我想象的手或眼不论是什么样，它都必须有某种特殊的形态和颜色。同样，我对自己形成的人的观念，必须具有白色或黑色或褐色等颜色，其身体要么是直的要么是弯的，其身材不是高的就是矮的或是中等的。我的思想不论如何努力都不能设想上面描述的抽象观念，我同样不可能形成与物体运动不同的、既不快也不慢、既非曲线又非直线的抽象运动观念。对于其他所有的抽象一般观念，都可以这样说。坦白地说，我自己能够在一种意义上进行抽象：即当我考虑某些特殊部分或性质时，把它们与其他部分或性质分离开（尽管它们是结合在一个对象中的），这些特殊部分或性质就可能在其他部分或性质之外而真实存在。但是，对于那些不能分离存在的性质，我不能够进行抽象或分离的设想；我也不能够通过上述的方式在特殊物中进行抽象以形成一般概念。后面的这两种意思就是**抽象**的本义。我有大量根据认为，大多数人与我有同感。大多数单纯和不识字的人绝不会自称有**抽象概念**。据说，抽象概念是很难的，不经过辛苦的学习与研究是不可能获得的。因此，我们可以合理地断言，如果真的存在抽象概念的话，那它们只是局限于有学问者的。

11. 我将继续考察，有什么理由可以为抽象学说辩护，并且试一试我能否发现，是什么东西使爱思辨的人倾向于接受一种似乎与常识远离的意见。有一位很受人尊重的已故哲学家①毫无疑问非常支持这一学说，他似乎认为，具有抽象的一般观念是区分人类和兽类的理智

_____

① 指洛克。——译者

的最大差异点。"拥有一般观念（他说）"，"在人和兽类之间作出了完善的区分，这是一个兽类绝不能企及的优点。因为很显然，我们在兽类中观察不到它们利用一般符号来表达普遍观念的痕迹，由此我们有理由想象，既然它们没有使用词汇或任何其他的一般符号，它们就没有进行**抽象**或形成一般观念的能力。"（稍后一点）"因此我认为，我们可以猜想，正是在这一点上，兽类区别于人，这是固有的差异，在这里兽类与人类完全分离，这种差异最终加宽了兽类与人类的距离，直至殊异。因为，如果它们有任何观念，而不只是机器（比如有些野兽也许会有观念），我们就不能否认它们有某种理性。在我看来似乎很明显，在某些情况下，它们中的某种动物确实能进行推理，正如它有感官一样，但那只是在特殊观念方面进行推理，正如它们从其感觉中获得特殊观念一样。这些最好的兽类也只局限于那些狭窄的范围，而没有（如我认为的）能力通过任何种类的**抽象**去扩大它们。"（《人类理智论》第二卷，第 11 章，第 10—11 节）我乐于赞成这位有学问的作者的观点：兽类的能力决不可能达到**抽象**。但是，如果不能抽象成为了那种动物的可识辨的特征，那么被当作是人类的大多数恐怕都须算作它们的成员了。他在这里提出的我们没有根据认为兽类有抽象的一般观念的理由是，我们在它们中间没有观察到使用词汇或任何其他的一般符号。这一观点是基于 13 这样的假设：即，使用词汇就意味着拥有一般观念。由此可以得出，使用语言的人类能够抽象出或概括出他们的观念。这就是这位作者的意思和主张,根据他对其他地方提出的问题的回答这种意思进一步表现出来。"既然所有存在的事物都只是特殊物,那我们如何得到一般名词呢?"**他的回答是:**"当词汇被用作一般观念的符号时,它们就变成一般的。"(《人类理智论》第三卷,第3章,第6节)但是事情似乎是这样的:一个词变成一般的,不是因为它被用作抽象的一般观念的符号,而是因为它被用作几个特殊观念的符号——其中的任何一个都无差别地向心灵提示了。比如说,**运动的变化与所受的压力成正比**,或者**有广延的任何东西都是可分的**,当这样说时,这些命题就被认为是对一般运动和广延的解释,然而不能因此就说,它们向我的思想提示:存在没有被移动的物体或没有任何确定方向和速度的运动观念,或者我必须设想一个抽象的、一般的广延观念——它没有线、面、体,也没有大或小,还没有黑、白、红或任何其他确定的颜色。它只表达了这样的意思:不论我考虑何种运动——它或快或慢,或是垂直运动或是水平运动或是斜体运动,或者在任何对象中,关于运动的这一公理都同样有效。对于每一种特殊的广延——不论它是线、面、体,也不论它具有这种或那种大小或形状,关于广延的公理也同样有效。

12. 通过考察观念是如何变成一般的,我们可以更好地判断词汇是如何被用作一般的。这里应当注意到,我不是绝对否认有一般观念,而只是否认有任何**抽象的一般观念**。因为在上面所引用的、论及一般观念的段落中，总是假设：一般观念是通过**抽象**形成的（如上面第8、9节所述）。现在，如果我们赋予词汇以意义，并只谈我们能够设想的东西，我相信我们会承认，一个就自身被考虑的观念是特殊的，它变成一般的是因为，它被用来表示或代表同一种类的其他所有特殊的观念。为了明白这一点，我们举一个例子说明。假设一个几何学家，要证明把一条线分成相等的两段的方法。比如，他画了一条一英寸长的黑线，这条线本身虽是特殊的线，　14但它涉及其一般含义，既然它在那里被使用，它就表示所有特殊的线。所以，对这条线所证明的东西，就是对所有线的证明，换言之，是对一般线的证明。如同那条特殊的线变成一般的线是通过将其用作符号来进行的一样，那个被绝对地认为是特殊的**线**的名称，也是通过作为符号变成一般的。正如前者不是把其一般性归结为它是抽象线或一般线的符号，而是归结为它是可能存在的所有特殊直线的符号一样，我们也必须认为，后者①是从同样的原因——即它无差别地代表了各种特殊线——中获得它的一般性的。

13. 为了让读者更清晰懂得抽象观念的本性，以及人们认为的抽象观念对我们的必然用处，我将从《人类理智论》中再选一段落，陈述如下："**抽象观念**对于儿童或未经训练的心灵来说，并不如特殊观念那样明白或易于理解。成年人觉得抽象观念易于理解，只是因为它

---

① 即"线的名称"。——译者

们被经常使用、人们熟悉它们。因为当我们仔细地反思它们时，就会发现一般观念是心灵的虚构物和发明物，而且正如我们容易想象的那样：它们是带有困难的、并不那么容易呈现自身。例如，要形成一个三角形的一般观念（这还不是最抽象的、包容性最大的和最困难的），不是需要辛劳和技巧吗？因为它既不是非直角的，也不是直角的，既不是等边的、等腰的，还不是不等边的，它同时**是所有这些又一个都不是**。结果，它就是某种不可能存在的不完善之物，它是这样一个观念：在其中几种不同的、**相互矛盾的**观念的某些部分被集合在一起。心灵在这种不完善的状态中，确实需要这样的观念，而且它会极其草率地制造它们。因为，心灵天然地倾向于方便地传达知识和扩大知识。但是，人们有理由猜想，抽象观念是我们的不完善性的标记。至少这足以表明，大多数抽象观念和一般观念不是心灵首先和最容易认识的观念，也不是心灵的最早的认识所熟悉的观念。"（第四卷，第7章，第9节）任何一个人如果有能力在他的心里形成如这里描述的这样一个三角形的观念，那么声称能够说服他抛弃那个观念，那是白费力气，而且我也不打算那么做。我所希望的只是，读者应当充分地、确定地告知自己：是否有那样一个观念？我以为，这对任何人来说都不是难以完成的任务。一个人更容易观察自己的思想，看一看自己是否有，或是否能获得这样一个与这里的描述给出的一般三角形观念相一致的观念：它**既不是非直角的，也不是直角的、等边的、等腰的，还**

15

不是不等边的，它同时是所有这些又一个都不是。

14. 在这里，一再说到抽象观念所包含的困难和形成抽象观念所需的辛劳和技巧。人们一致同意，需要心灵的艰苦劳作，才能使我们的思想从特殊对象中解脱出来，把它们提高到熟悉抽象观念的庄严的思辨。从所有这些观点来看，自然得出的结论似乎应该是：象形成抽象观念那样困难的事情，不是**交流**所必需的，交流对所有人来说是很容易的、很熟悉的。但是，我们被告知，成年人觉得抽象观念很明白、很容易，**只是因为它们被经常使用、人们熟悉它们**。现在，我很想知道，在什么时候人们致力于克服那个困难，向自己提供了那些用于交谈的必要帮助。这不可能是在他们长大的时候，因为那时他们似乎没有意识到这番辛苦，因此这只能是他们做小孩时的事情。不过，对于那样脆弱年纪的孩子，他们很难完成这样的任务：进行巨大的、成倍增加的劳动以形成抽象概念。想象两个儿童，只有他们第一次把无数矛盾的东西固定在一起，在他们的心里形成了**抽象的一般观念**，并且把这些观念与他们使用的普通名称连结起来，他们才能在一起闲聊他们的糖果、发出嘎嘎响声的玩具和其他的小玩意儿：进行这样的想象不是一件难事吗？

15. 我不认为，相比**交流**来说，**知识的扩大**更需要这些抽象观念。我知道大多数人都坚持认为，所有知识和证明都是关于普遍概念的，对此我完全赞同。但是，我不认为，那些普遍概念是通过上述的**抽象**形成的；**普** 16

遍性，就我能够理解的而言，不在于任何事物的绝对的、肯定的本质或概念，而在于它与被它表示或表达的众多特殊事物的关系；借助这种关系，在它们自己的本性中是**特殊的**那些事物、名称和概念就变成**普遍的**。例如，我在证明三角形的任何命题时，可以假定我考虑的是一个三角形的普遍观念，但这不应该理解为：我好像能够形成一个既不是等边的、也不是不等边的、还不是等腰的三角形的观念。我考虑的只是那个特殊三角形，不论它属于何种，都同样地代表和表示了所有用直线围成的三角形，在这种意义上它是**普遍的**。所有这些说法是很明白的，其中没有包含任何困难。

16. 不过在这里，人们会问：除非我们首先看到一个命题在被同等地适合于所有特殊三角形的抽象三角形观念中得到证明，我们怎么能够知道这个命题对所有特殊三角形都适用呢？因为即使可以证明一种性质与某一特殊三角形相符，但是不能由此断言，这种性质同样适合于任何其他的在所有方面都完全与其不同的三角形。例如，已经证明直角等腰三角形的三个角等于两直角，但我不能因此断言，这种性质也符合所有其他的非直角、非等腰的三角形。因此可以肯定的是，要使这个命题成为普遍有效的，我们或者对每一个特殊三角形作出特殊证明——这是不可能的，或者在**一个三角形的抽象观念**方面彻底证明它：所有特殊的三角形都无差别地分享了三角形的抽象观念，通过这个抽象观念它们都同样被表示了。对此我的回答是：虽然我在做这一证明时会考虑这种观念，比如具有确定长度的直角等腰三角形的观念，但我仍然可以确定，这种观念能扩展到所有其他的、不论种类和大小的用直线围成的三角形。我所考虑的这个图形确实包含了所有特殊的三角形，但在证明这个命题的时候完全没有提到用它们制成的东西。我不说三个角等于两直角，是因为其中的一个角是直角，或是因为围成这个三角形的边具有相等的长度。这足以表明，那个直角可以换成斜角，等腰的两边可以换成不等边的，对所有这些三角形来说这个证明同样有效。因此，我可以得出结论说，我证明了的对一个特殊的等腰直角三角形有效的命题，之所以适用于任何等角或不等角的三角形，不是因为我证明了一个三角形的抽象观念的命题。必须承认，一个人可以只考虑一个三角形一样的图形，而无需注意它的每只角的性质或每条边的关系。在此范围内它可以抽象，但这绝不能证明：它可以形成一个抽象的、一般的、不合逻辑的三角形观念。同样，只要我们不考虑**皮特**的所有被感知到的性质，我们也可以把他只作为一个人或者一个动物来考虑，而不会形成上述的抽象的人或动物的观念。

17.关于抽象本性和概念的学说，似乎把**经院学者**即那些抽象大师们引入了充满错误和争辩的错综复杂、难以摆脱的迷宫，要跟随这些大师穿越这些迷宫，似乎是一项永无尽头也无用处的工作。在此问题上他们有过哪些争吵和论辩，增加了哪些学术垃圾，由此给人类带来了什么巨大好处，在当今已是家喻户晓、无需再费口舌之事了。如果抽象学说的恶果只限于相信它的人，那还算好的。多少年来人们尽职尽责、勤奋辛劳，培育科学，促进科学，可是大部分科学仍然充满了黑暗和疑云，类似的争辩永无尽头，甚至被认为是得到最清楚、最有说服力的证据支持的那些争辩也包含着与人类的理智完全不相容的悖论，总的来说只有一小部分科学由于作为无害的消遣和娱乐才对人类提供了真正的好处。当人们考虑到这些的时候，我要说，这容易使他们陷入失望的境地，以致完全蔑视一切研究。不过这种情况也许是会结束的，因为它是基于流行于世的虚假原理的观点而产生的。我认为，在所有那些虚假原理中，唯有抽象一般观念的虚假原理对思辨者的思想产生了最广泛的影响。

18. 我现在来考察这个流行概念的来源，我认为其来源是语言。不用怀疑，像理性自身一样广泛的东西，才能成为被普遍接受的意见的来源。这一真理根据其他理由也显现出来，从力主抽象观念的那个人的清楚告白中也显现出来：他承认形成抽象观念是为了命名。由此产生了一个清楚的结论：如果不存在言辞或一般符号这样的东西，就不可能有任何抽象的思想。（参见《人类理智论》第三卷，第6章，第39节及其他章节）因此我们来考察，语言文字通过何种方式促使那种错误产生。首先，一般认为，任何名称都有或应当有一个精确的、固定的含义，这使人们认为存在某些**抽象的、明确的**观念，它们构成了每个通名的真实的、唯一直接的含义。而且，正是借助这些抽象观念，一个通名才用来表示任何特殊事物。但是实际上，并没有附加在任何通名上的精确含义，所有通名都无差别地表示大量的特殊观念。这一点由上所说可以明显地见到，而且任何人稍作反思也一清二楚。对此也许有人会反对说，每个名称都有定义，因此名称被限于一个确定的含义。例如，**三角形**被定义为**由三条直线围成的平面**，通过这个定义，三角形的名称就只能表示某一确定的观念而非其他观念。对此我的答复是，在那个定义中，并没有说那个平面是大还是小、是黑还是白，也没有说三角形的边是长还是短、相等还是不相等，还没有说这些边相互围成了什么样的角度。在所有这些方面，都可能存在很大的差异，因此根本没有一个固定的观念来限制**三角形**一词的含义。使一个名称时刻固守同一定义是一回事，使它在任何地方都表示同一观念则是另一回事。前者是必需的，后者则是无用的和不切实际的。

19

19. 为了进一步说明语言文字如何产生了抽象观念的学说，必须注意到，有一种公认的意见认为：语言除了用于交流我们的观念外别无其他目的，每一个有意义的名称都代表了一个观念。情况确实如此，此外可以肯定的是，那些不被认为是毫无意义的名称并不总是指出了特殊的可想象的观念，于是就直接得出结论说，它们代表了抽象概念。在思辨人士中有许多正在使用的名称，并不总是向其他人呈现了确定的特殊观念，这是任何人都不能否认的。稍加注意就会发现，（即使在最严格的推理中）代表观念的有意义的名称，在每次被使用时，并不总是在理智中激起它们被用来表示的观念。在阅读和谈论中，大部分名称就像在**代数**中被使用的字母一样：在代数中，虽然特殊的量由每个字母来标明，但是在继续推演时，并不是在每一步每个字母都向您的思想表示，它是被指定来代表那个特殊的量的。

20. 此外，语言主要的和唯一的目的，并非如公众认为的，是交流通过文字来表示的观念。语言还有其他目的，比如唤起某种激情，激发或阻止一种行动，使心灵处于某种特殊倾向。在许多情况下，前一种目的只是屈从的，且有时完全被省略，而后三种目的无需第一种目的就可实现，在大家熟悉的语言使用中这种情况并不罕见。我恳求读者自己反思一下，看看自己在听或读一篇论文时，在感知某些词汇时，无需它们之间出现的任何观念，惧怕、热爱、憎恨、钦佩、鄙视及其他激情就直接出现在他的心中——这样的情况是否不是经常发生的？诚然，语言文字起初可能引起相应的观念以产生那些情感；不过，如果我没有弄错的话，人们会发现，当语言变得熟悉之时，则一听字音、一见字形，那些激情就经常直接伴随而来：那些激情最初习惯于由观念的介入而产生，而现在观念则被完全省略了。例如，有人许诺一件**好东西**，虽然我们没有那件好东西是什么的观念，我们不是也可以被感动吗？又如，虽然我们不认为任何特殊的祸害可能降临到我们头上，我们也不会对自己形成一个抽象的危险观念，但带有危险的威胁不足以

20

引起恐惧吗？任何人只要对上面所说的稍加思索，我相信他会明白看到，通名经常在语言中被正当地使用，不是说话者设计它们来作为他自己的观念的标志，以唤起听者心中相应的观念。甚至专名本身似乎也不总是这样来言说的：它们被设计来使我们认为它们是那些个体的观念，这些观念被假设是通过它们来标记的。例如，当一位经院学者告诉我说**亚里士多德曾经说过**时，他用此所指的所有意思只是，使我恭敬地、顺从地接受他的意见：人们已习惯了亚里士多德的大名。人们只要习惯于使他们的判断服从那位哲学家的权威，这样的效果就会立即在他们心中产生，尽管之前他们对他本人、他的著作或名声不可能有任何观念。这一类的例子还可以给出无数多，不过既然每个人的经验都充分地向他提示了，我为何还要强调呢？

21. 我想我们已经证明了**抽象观念**的不可能性。我们已经考察了竭力主张抽象观念的人就抽象观念所说的言论，并且努力表明，抽象观念对那些被认为是必要的目的来说毫无用处。最后，我们追溯了产生它们的根源，这一根源似乎是语言。不能否认，语言文字具有卓越的用处，古今各国的好奇人士共同劳动所求 21 得的全部知识，可以借助它们为一个人所知晓、所占有。但是，同时必须承认，由于语言文字的滥用、由于知识被传递的一般言说方式，大部分知识变得异常混乱和被遮蔽了。因此，既然语言文字如此容易强加于理智，那我在考虑任何观念时尽力赤裸裸地考察它们，而且尽可能防止因经常使用而与观念紧密结合的那些名称进入我的思想。由此，我可以期望得到如下好处。

22. 第一，我确信厘清了所有纯粹语言文字的争论；在几乎所有的科学中，这种莠草的生长已经成为真正的、健康的知识成长的主要障碍。第二，这似乎是一条将我从精细的**抽象观念**之网中解脱出来的有效途径，这张网使人们的心灵极度迷惑和纠缠；尤其是，一个人的才智愈是精细、愈是好奇，他就会在这里陷得愈深、被缚得愈紧。第三，只要我把自己的思想限制在脱去了语言文字的观念，我就不会看到我怎么可能犯错误。我所考虑的各种对象，我是清楚地、充分地知道的。我在思维中不可能被欺骗说，我有我所没有的观念。我自己的任何一个观念如果确实不是相似的或不相似的，我就不可能想象它们是那样的。为了识别我的观念之间的一致或不一致，为了弄明白在一个复合观念中包含了哪些观念、哪些没有被包含，只需要注意去感知：在我的理智中什么东西在流过。

23. 但是，所有这些好处的获得以完全摆脱语言文字的欺骗为前提，对此我也不敢说自己能做到。语言文字与观念的结合很早就开始了，并受到长时间的习惯的确认，所以要终止这种结合是很困难的事。而且，这种困难似乎由于**抽象**的学说而大大增加了。因为，既然人们认为抽象观念是附加在其语言文字上的，那就不奇怪他们用语言文字代表观念了。我们发现，抛弃语言文字、而在心灵中保留其自身完全不可想象的抽象观念，是不切实际的。我以为其主要原因在于，有些人竭力劝说别人在沉思时抛弃所有语言文字的使用、只深思自己的赤裸裸的观念，但是他们自己无法做到。近来，许多人已经感知到由于语言文字的误用而产生的荒谬意见和无意义的争论①。为了纠正这些祸害，他们力劝我们注意被表示的观念，而不要注意表示观念的那些语言文字。但是，不论他们给他人的这一劝告有多好，只要他们认为，表示观念唯有直接使用语言文字，每个通名的直接意义就是**明确的、抽象的观念**，那么很显然他们自己就不可能充分注意到这个劝告。

24. 但是，如果一个人知道这些都是错误，则他可能较容易防止自己受语言文字的欺骗。他知道自己除了特殊观念别无其他观念，他就不会为难自己、白费力气去寻找或设想被附加在任何名称上的抽象观念。一旦他知道名称不总是代表观念，就会节省寻找观念的劳动，不在本无观念的地方寻找观念。因此，我们希望人人都尽最大努力清楚地观察他所考虑的观念，把观念与所有语言文字的装饰和累赘分开，因为语言文字严重地导致误判、分散注意力。我们白费力气上察天文、下窥地府；白费力气查阅学人著述、追踪古人隐迹；我们只需拉开语言文字的布帘，就能看到最美的知识之树，它的果实是多么诱人，而且我们伸手可摘。

---

① 例如，霍布斯的《利维坦》第一部分第 4 章，洛克的《人类理智论》第三卷第 10 章。——译者

25. 除非我们留心从最初的认识原理中清除语言文字的障碍和欺骗，否则我们建立在语言文字上的无数推论都毫无效果；我们可以层层推论，但不会更聪明。我们愈往前走，愈会陷入无可挽救的地步，掉入更深的困难和错误中。因此，不论何人想读下面的文稿，我恳求他把我的语言文字作为他自己思想的机缘，努力在阅读中获得我写作时同样的思路。这样，他就容易发现我所说的东西的真假，他会摆脱被我的语言文字所欺骗的危险，而且我会看不出当他只考虑赤裸裸的、未加掩饰的观念时他怎么可能被引向错误。

23

论人类知识的原理

第一部①

1. 很显然，任何人只要考察人类认识的对象，就会发现它们是观念：或者是实际印在感官上的观念，或者是通过注意心灵的激情与活动而被感知的观念②，（最后）或者是借助记忆和想象而形成的观念：想象或者通过组合、分割，或者单纯表现以上述方式最初感知的观念。凭借视觉，我获得了光和颜色及它们的各种程度和变化的观念。凭借触觉，我感知到（例如）硬和软、热和冷、运动与阻力以及它们的各种数量和程度。嗅觉给我提供了气味，味觉给我提供了滋味，听觉把各种声调和音色的声音传到我心中。在这些感觉中有几个感觉被观察到是相互伴随的，于是就用一个名称来标记它们，

24

---

① 正文被叫作"第一部"，是因为贝克莱打算写第二部来论述精神的本性。事实上，他声明过，他"对此已经取得了相当大的进展"，但在意大利旅游途中遗失了，怕麻烦不想再写了。——译者
② 我们可以质疑：贝克莱是否真的相信心灵的运作能够产生观念（ideas），而不是产生概念（notions），因为心灵活动（activities）不能在观念的"静止框架"中被捕捉到。然而，在松散的意义上，贝克莱偶尔也承认，心灵活动是人类知识的对象、是观念。参见本书27., 35.—40., 142. 对概念的论述。——译者

所以它们被认为是一个事物。例如，某种颜色、滋味、气味、形状、硬度被观察到是在一起的，它们就被视作一个确切的事物，用**苹果**之名来表示它。观念的其他的集合构成一块石头、一棵树、一本书和其他类似的可感事物。这些事物或是令人愉快的或是令人不快的，激发产生爱、恨、喜、悲等激情。

2. 但是，除了无数的各种观念或认识对象以外，还存在认识或感知它们的某种东西，它对它们施加不同的活动，如意愿、想象、记忆。这个能感知的、积极的存在者就是我叫作**心灵**、**精神**、**灵魂**或**我自身**的东西。我用这些词语不指代我的任何观念，而是指与观念完全不同的东西：观念存在于其中，或者通过它观念被感知，因为一个观念的存在就在于被感知①。

3. 人人都承认，我们的思想，或激情，或由想象形成的观念，都不能在心外存在②。似乎很明显，印在感官上的各种感觉或观念，不论怎样混合或结合在一起（即不论它们构成何种对象），都只能在感知它们的心灵中存在。我认为，任何人只要注意到当**存在**（*exist*）一

① 原文为：for the existence of an idea consists in being perceived. ——译者
② exist, existence 应该译为"实存"，即时间和空间中的存在；而 being 应该译成"存在"或"存在者"（当作具体的存在时），它包含实际上的存在（者）和逻辑上的存在（者）。但是在贝克莱的文本中，两者经常被等同使用，加之文关运译本影响甚广，我也把 exist, existence 译成"存在"。当然，如果把 being 译成"是"或"是者"，两者的区分就很明显了，但这就不能反映出贝克莱将两者混用的实际情况。——译者

词用于感性事物时所指的东西，他就可以获得关于这一点的直观知识。我写作用的这张书桌，我说它存在，就是我看见它、触摸到它；如果我走出书房我还说它存在，那意思是说，假如我在书房中我还会感知到它，或者某个其他的精神实际上感知到它。有气味，就是它被嗅到；有声音，就是它被听到；有颜色或形状，就是它被视觉或触觉感知到。这就是我用这些说法和类似表达所能理解的全部。说无思想的事物绝对存在、与它们的被感知无关，这似乎是完全不可理解的。它们的存在就是被感知，脱离心灵或感知它们的能思想的东西，它们就根本不可能存在。

4.众人中奇怪地流行一种主张，以为房屋、山川、河流，一句话所有可感对象，都有自然的或真实的存在，它们不同于被理智所感知的东西。但是，不论这个原理在世间得到怎样的保证和同意，可是任何人只要在心中质疑它，如果我没有弄错的话，他就会发觉其中包含了明显的矛盾。因为，前述的对象只是我们通过感官而感知的东西，而我们感知的东西只是我们自己的观念或感觉，那么，说这些观念或感觉中的任何一个或它们的任何结合不被感知就存在着，这不是明显的自相矛盾吗？

5.如果我们彻底考察这一信条，就会发现，归根到底它是依赖**抽象观念**的学说的。因为把可感知对象的存在与它们的被感知区分开，以设想它们是未被感知而存在的，还有比这更精细的抽象特质吗？光和色、热和冷、广延与形状，简言之，我们看到和感觉到的事物，只是众多的感觉、概念、观念或印在感官上的印象，即使在思想中这些东西中的任何一种能够与知觉分离吗？就我而言，我容易把事物和它自身分开。实际上，我可以在思想中把那些也许我绝不能通过感官分离地感知的事物相互分开，或设想它们是分开的。比如，我想象一个人的躯干没有四肢，或想象一支玫瑰的香味而不想到这支玫瑰本身。就此而言，我不否认我能抽象——如果这可以恰当地叫作**抽象**的话，但是抽象只能扩展到去分离地设想这些对象，就好像抽象可以真实存在或被实际上分离地感知到一样。然而，我们的构想力或想象力不能超越真实存在或知觉的可能性。因此，正如我不可能没有实际地感知到一物就看到或感觉到它一样，我也不可能在我的思想中设想任何可感事物或对象不同于对它的感觉或知觉[①]。

6. 对于人心来说有一些真理是非常贴近的、明显的，人只要睁开眼睛就能看到它们，我下面举的这个重要例子就是这样的真理。从天堂的天使到地上的家具，一句话，构成世界的巨大结构的所有这些物体，在心之外根本不存在。它们的存在（Being）就在于被感知或被认识。因此，只要它们不是实际上被我感知，或者不在我心中或任何其他被造精神的心中存在，它们就根本不存在；要不就是存在于某种永恒精神的心中。认为它

---

① A 版（1710 年版）接着还有："实际上，对象和感觉是同样的东西，因此不能相互抽象。"——译者

们中的任何单个部分独立于精神而存在，这是完全不可理解的，这包含了抽象的所有荒谬性。为了确信这一点，读者只需反思并试一试在自己的思想中能否把一感性事物的存在与它的被感知分开。

7. 由上所述可以说，除了**精神**或能感知者不存在任何其他实体。不过，为了更充分地证明这一点，还应当考虑到，可感性质是颜色、形状、运动、气味、滋味等，即被感官感知的观念。既然如此，说一个观念存在于不能感知的事物中，那分明是矛盾的；因为拥有一个观念与感知一个观念是一回事。因此，颜色、形状及 27 其他类似性质在哪里存在，哪里就有感知它们的东西；所以很明显，不可能存在无思想的实体或这些观念的基础。

8. 但是，您会说，虽然在心灵之外观念自身不存在，但可能存在与观念类似的事物，它们是观念的复制品或肖像，这些东西不存在于心灵中而存在于一个无思想的实体中。我的回答是，一个观念只能与一个观念相似，一种颜色或形状只能与另一种颜色或形状相似。如果我们稍微考察一下自己的思想，就会发现，我们只能设想我们的观念之间的相似性。再者，我要问：那些被假设的原始物或外部事物——我们关于它们的观念是图式或再现物——本身是否是可感知的？如果是可感知的，那它们就是观念，这就证实了我们的观点；如果您说它们不是可感知的，那我请问各位：断定颜色与看不见的东西相似、硬或软与触摸不到的东西相似，如此等等，这是否合情理呢？

9.有些人在原始性质和次生性质之间作出了区分①：他们用前者指广延、形状、运动、静止、硬度或不可入性、数量，用后者表示所有其他的可感性质，如颜色、声音、滋味等。他们承认，我们关于后一类性质的观念不是在心灵之外存在或未被感知的事物的肖像。但是，他们认为关于原始性质的观念是在心外存在的事物的图样或形状，而这些事物存在于他们叫作**物质**的无思想的实体中，因此他们用物质指的是一种惰性的、无感知的实体——在其中广延、形状和运动的确存在。然而，从我们所说明的东西中显然可以得出，广延、形状和运动只是存在于心中的观念，而一个观念只能与另一个观念相似，所以无论是观念还是观念的原型都不可能在一个无感知的实体中存在。显然，关于被叫作**物质**或**有形实体**的东西的概念本身包含了矛盾。

10.那些人虽然主张，形状、运动和其余原始性质或原有性质都在心外存在于无思想的实体中，但他们同时承认，颜色、声音、热、冷及类似的次生性质都不存在于心外。他们告诉我们说，它们是只存在于心中的感觉，它们依赖物质微粒的不同尺寸、结构和运动，并被这些东西所引起。他们把这当作确定无疑的、可以毫无例外地证明了的真理。不过，既然可以确定那些原有性质与其他可感性质是不可分地结合在一起的，甚至在思

①　参见洛克：《人类理智论》第二卷第8章。——译者

想中也不能从可感性质中抽象出原有性质，那么显然的结论是：它们只存在于心中。我希望任何人都反思一下，试一试自己能否通过任何思想的抽象，设想一个没有所有其他可感性质的物体的广延和运动。就我自己来说，我显然没有能力形成一个有广延、被移动的物体的观念，而是在此之外，我必须给它加上某种颜色或其他的被承认只在心中存在的可感性质。总之，广延、形状和运动从所有其他性质中抽象出来后，是无法想象的。因此，哪里有其他的可感性质，哪里就必定有这些原有性质，就是说，这些原有性质只存在于心中而不能在其他地方存在。

11. 还有，**大**和**小**，**快**和**慢**，被承认是不能在心外存在的，它们完全是相对的，会随着感官的构造和位置的改变而变化。因此，在心外存在的广延既不大也不小，心外存在的运动既不快也不慢，即它们根本什么也不是。但是，您会说，它们是一般广延、一般运动。这样我们就看到，心外存在有广延、能运动的实体的信条是多么依赖**抽象观念**的怪论。在这里我必须说，现代哲学家们陷入了自己的原则中，对物质或有形实体进行了含糊不定的描述，这非常类似于在**亚里士多德**及其追随者那里遇见的过时陈旧、遭人嘲笑的**原始物质**的概念①。没有广

---

① 原始物质：亚里士多德像大多数古代人一样相信，存在四种元素：土、火、气、水，每一种元素都拥有两种性质。例如，火是热的和干的，土是热的和湿的，等等。他认为这些元素能够相互转换，所以，如果土的湿被火的干所代替，那么一部分土就转换成火。进而，他相信，任何一事物被改变了，那一定有某种东西作为这种变

延就不可能设想固体性，因此既然已经表明，广延不存在于无思想的实体中，那么这对固体性必定同样有效。

12. 即使承认其他性质在心外可以存在，但数字完全是心灵的创造物。所以任何人显然都会想到，当心灵观察同一事物的不同方面时，该事物就具有了数字的不同单位类别①。比如，同一延伸之物，根据心灵参照码、英尺或英寸来考虑，它就分别是 1 或 3 或 36。很明显，数字是相对的，它取决于人们的理解，认为任何一个人应当让它在心之外绝对存在，那就太奇怪了。我们说，一本书，一页纸，一条线，所有这些都同样是单位，尽管某一单位包含了另外的几个单位。在每个例子中都可明显看到，单位涉及被心灵任意集合在一起的诸观念的某种特殊结合。

13. 我知道有些人会认为，单一体是简单的或非复合的观念，它伴随所有其他观念进入心中②。不过，我找不到与**单一体**这个词相一致的任何观念；如果我有这样的观念，我想我不可能找不到它。相反，我的理智对

化的基础并在变化后继续存在。在要素变化的情况下，不存在更基本的可描述的东西作为它的基础，所以作为要素变化的基础的东西一定是纯粹的、无特性的物质性，被叫作"原始物质"。它不能自己存在，只是成为某种确定要素的纯粹可能性。——译者

① 这个论证是这样的：因为计数是概念——相对的，所以不存在关于数字的客观事实。因此，某种东西可以是一个单词和四个字母，所以它在客观上既不是"一"也不是"四"。——译者

② 洛克在《人类理智论》第二卷第 7 章第 7 节说："存在和单一体是由任何外部对象和内部观念提示给理智的两个其他观念。"在第二卷第 16 章第 1 节中说："在我们所有的一切观念中，单一体或一的观念，是由最多的途径进入人心的，然而也是最简单的观念。"——译者

它再熟悉不过了，因为据说它伴随着所有其他观念，并被感觉和反思的所有途径所感知。不用多说，它是一个**抽象观念**。

14. 我还要补充说，既然现代哲学家证明某些可感性质不在物质中存在，或只在心灵中存在，那么也可以证明所有其他可感性质也是这样的。例如，据说热和冷只是心中的感受，根本不是真实存在者的样本，不存在于引起这些感受的有形实体中，因为对同一物体一只手感觉为冷，另一只手感觉为热。那我们为什么不可以说，形状和广延也不是存在于物质中的性质的样本和肖像呢？因为在不同位置的同一只眼睛或在同一位置具有不同构造的一双眼睛，它们所显现的东西都是不一样的，因此不可能是任何心外固定的和确定的事物的影像。再者，已经证明，甜不是真实存在于有味道的事物中的，因为仍然是甜的事物会变成苦的，在发热或味觉变坏时就是这样。既然如此，那我们不是可以合理地说，运动不在心灵之外存在吗？因为如果在心中观念的连续会变得更快，那人们会承认在外部对象中虽没有变化但运动就会显得慢一些。 30

15. 简言之，让任何人来考虑一下这些论证，人们显然认为这些论证证明了颜色、滋味只在心中存在，他会发现这些论证具有同等的力量证明，广延、形状、运动也只在心中存在。必须承认，这种论证方法与其说证明了外部对象中不存在广延或颜色，不如说我们不能通过感官知道外部对象的真实的广延或颜色是什么。但是，上面这些论证显然表明，任何颜色或广延，或其他一切可感性质，都决不可能在心外存在于一个无思想的主体^①中，或者事实上决不可能存在任何这样的外部对象。

16. 我们来考察一下这种被普遍接受的主张。据说，广延是物质的样式或偶性，物质是支撑广延的**基础**^②。现在我希望您解释物质**支撑**广延是什么意思。您或者说，我没有物质的观念，因此不能解释。我回答说，虽然您对物质没有明确的观念，但如果您说的东西还有意义的话，那您至少必须有与物质相关的观念；虽然您不知道物质是什么东西，但您被假设知道它与偶性有什么关系、物质支撑偶性是什么意思。显然，**支撑**（*support*）在这里不能从通常意义和字面意义去理解，比如我们说的柱子支撑建筑物，那么该在什么意义上理解它呢？

17. 如果我们研究一下最精确的哲学家自己用**物质实体**所指的东西，我们会发现他们承认，在那几个音节上没有附加其他意义，只附有一般存在者的观念，以及相关的它支撑偶性的概念^③。但我认为，一般存在者的观念是所有观念中最抽象、最不可理解的。比如，它支

---

① "主体"的原文是 subject，即实体或支撑性质的东西，指载体，非专指人。——译者
② 参见洛克：《人类理智论》第二卷第 8 章第 19 节，第二卷第 23 章第 2 节，第一卷第 4 章第 8 节。——译者
③ 贝克莱常把 Notion（概念，或译"意念"）和 Idea（观念）等同使用，也作一些区分。比如，当我们说到关于心灵、精神的认识时，就不能说有关于它们的观念，而只能勉强说有关于它们的概念。——译者

撑偶性，我们刚才已看到，就不能在这些词的通常意义上理解，而必须在其他意义上理解，但他们又不解释其他意义是什么。所以，我考察了构成**物质实体**一词的意思的两部分后，我确信它们上面没有附加明确的意义。 31 我们为什么还要费心地进一步讨论形状、运动和其他可感性质的物质**基础**或支撑物呢？要讨论，不是就假设了它们在心外存在吗？这不是直接矛盾的、完全不可想象的吗？

18. 不过，固体的、有形的、可移动的实体虽然可能在心外存在，与我们关于物体的观念相符合，那我们怎么可能知道这一点呢？① 我们只能或者通过感官或者通过理性知道。就我们的感官来说，我们通过感官只能获得关于我们的感觉、观念，或直接被感官感知的事物（随您怎么叫）的知识，但它们并没有告知我们，在心外存在或未被感知而存在的一些事物，与那些被感知的事物相似。这是唯物论者自己也承认的。因此，如果我们想获得外部事物的任何知识，就必须通过理性②，从被感官直接感知到的东西中推出外部事物的存在。但是，有什么理由能使我们根据我们所感知的东西而相信心外物体的存在呢？因为物质的守护者自己也不自称，外部事物和我们的观念之间存在任何必然联系。人们一

---

① 贝克莱在18—20节，陈述了反对外部世界的认识论证明。一旦承认我们不是直接意识到这个世界的，那么对这个世界的信念就不能获得知觉的证明。——译者

② Reason，既有"理性"也有"推理"的含义。——译者

致认为(在做梦、狂怒及类似的状态也会发生这样的事，这里不争论)，心外即使没有与观念相似的物体存在，我们也很可能受到我们现在具有的观念的影响。因此很明显，外部物体的假设对于我们的观念的产生来说是不必要的；因为人们承认，即使外部物体不同时出现，观念有时也会被产生出来，而且很可能总是按照我们现在看见它们的秩序被产生出来。

19. 但是，虽然我们很可能无需外部事物就获得我们所有的感觉，可是如果假设有外部物体同观念相似，则比没有这种假设更容易设想和解释观念的产生方式；因此很可能存在如物体一类的事物，它们在我们心中引起相应的观念。然而，也不能这么说。因为虽然我们给了唯物论者外部物体，但他们自己承认，他们并不因此更了解我们的观念是怎么产生的，因为他们自己不可能理解物体以何种方式作用于精神，或者物体怎么可能在心中印上观念。所以很明显，我们心中观念或感觉的产生，决不可能是我们假设物质或有形实体的理由；因为他们承认，有或是没有这种假设，观念的产生都同样无法解释。因此，如果物体能够在心外存在，并且主张它们就在心外存在，这必定是一种非常危险的主张；因为这等于毫无根据地假设，上帝创造了无数的完全无用、不适合任何目的的存在者。

20. 总之，如果存在外部物体，我们不可能去认识它们；如果不存在，则我们有同样理由认为，我们现在拥有的东西仍然存在。假设一种智能(任何人都不能否定其可能性），无需外部物体的帮助，就能感受到您所感受的一系列感觉或观念，那些观念在他的心中所印的秩序和具有的活泼与您心中的秩序与活泼相同。那我就要问：那个智能是否也没有您可能有的那些理由来相信有形实体的存在，相信有形实体被他的观念所表现、在他的心中引起了那些观念？关于这一点是毫无疑问的。任何有理性的人只要考虑到这一点就会明白，他自己认为拥有的证明物体心外存在的论据是没有力量的。

21. 在说了这些话以后，如果还需进一步举出一些证据驳斥物质的存在，则我可以举一些由那个教条所产生的错误和困难（暂且不提亵渎）。这个教条在哲学中引起了无数的争论和争辩，在宗教中引起了更重大的争论。但是，我不想在这里详细讨论它们。一是因为我认为，**后天**证明对确定（如果我没有弄错的话）**先天**足以证明的东西来说是不必要的，二是因为我今后还有机会来讨论它们①。

33

22. 我恐怕人们会认为我在这个主题上说的东西太冗长了。既然对那些具有最低反思能力的人，能用一两行字的最有效证据就能证明的东西，为什么还要反复申述呢？您只要看看自己的思想，试一试您能否设想，声音、或形状、或运动、或颜色，能否在心外存在或不被感知而存在？这个很容易的尝试会使您明白，您所辩护的东西是一个明显的矛盾。我虽然在这个论题上提出了

---

① 参见本书第 85—134 节。——译者

这些观点，但是，如果您只能设想，一个有广延的、可运动的实体，或概言之，任何一个观念或与观念类似的东西，能够在其他地方存在而不在感知它的心灵中存在，我将乐意放弃这一事业。至于您所辩护的由外部物体**组成的系统**，我也可以同意您说的它存在，虽然您不可能给出任何理由相信它存在，或者设想它存在时安排它的用处。只要您的主张有丝毫可能是真的，我就认为它是真的。

23. 但是，您会说，人们确实最容易想象（比如）公园里的树，壁橱里的书，并且没有人感知它们。我回答说，您可以这样想象，这没有什么困难。不过，我恳求您回答，您这不是只在您的心中形成了您叫作**书**或**树**的某种观念、而同时没有形成感知它们的事物的观念么？但是，您自己不是一直都在感知或想到它们吗？因此，这种说法实际上并不能达到您的目的。它只表明您有能力在您的心中想象或形成观念，而不表明您能够设想您的思想的对象能够在心外存在。要想证明您的观点，您必须设想它们在没有被设想或想到时也存在，但这是明显的矛盾。当我们尽最大努力去设想外部物体的存在时，我们一直注视的只是我们自己的观念。不过心灵没有注意到自己，它被欺骗认为自己能够且确实在设想物体没有被想到时也存在，或者在心外也存在，尽管同时这些物体被心灵理解或在心灵中存在。任何人稍加注意就会发现这里所说的东西是真的和明白的，而不必再主张其他的反对物质实体存在的证据。

24. 显然，我们稍微考察一下自己的思想就会知道，我们是否能够理解**可感对象自身的绝对存在或心外存在**所指的东西。在我看来，这些词语要么表达了直接的矛盾，要么什么也没有表达。要使人们相信这种说法，我知道最简便或最公平的办法，就是恳求他们平静地关注他们自己的思想。如果关注自己的思想后，这些表述的空洞性或矛盾性确实出现了，那就必须相信我所说的。因此，我坚持认为，无思想事物的绝对存在是无意义的或包含了矛盾的词语。这是我一再重复、反复强调的东西，我真诚地推荐给读者，予以注意和考虑。

25. 我们所有的观念、感觉，或我们感知的事物(不论用什么名称把它们区分开)，显然都是不活跃的，它们当中不包含能力或力量。所以，一个观念或思想的对象不可能产生变化，或在另一个观念中引起变化。要确信这一说法的真实性，只须观察一下我们的观念即可。因为它们和它们其中的任何部分既然只存在于心中，那就可以说，它们当中只存在被感知的东西。任何人只要注意到自己的观念，不论是感觉观念还是反思观念，就不会在其中感知到任何能力或活动性，因此它们中间决不包含这些东西。稍加注意我们就会发现，一个观念的存在本身包含的是被动性和惰性，因此，一个观念不可能做任何事情；或严格来说，它不可能是任何事情的原因：它既不可能是任何主动存在者的肖像又不可能是其样本（如第8节所阐明的）。显而易见，广延、形状和运动都不可能是我们的感觉的原因。因此，说我们的感

觉是由物质微粒的形态、数目、运动和尺寸引起的能力
35　的结果，那一定是假的。

26. 我们感知到不间断的观念连续，有些是新的被引起的，其他的是变化的或完全消失了。因此，存在某种观念的原因，观念依赖它，它产生和改变观念。这一原因不可能是任何性质或观念、或观念的结合，由上一节可以清楚地看到这一点。因此，这一原因必定是实体。但如已经表明的，不存在有形的或物质的实体，所以观念的原因仍然是无形的主动实体或精神。

27. 精神是一个单纯的、不可分的主动存在者：它感知观念时，被叫作**理智**；它产生或以别的方式作用于观念时，叫作**意志**。因此，不可能形成灵魂或精神的观念。因为所有的无论什么样的观念都是被动的、惰性的（参见第 25 节），它们不能通过影像或肖像向我们呈现能动的东西。每个人稍加注意就会明白，决不可能获得一个与运动的能动原则和观念的变化相似的观念。**精神**或能动的东西的本性就是这样：它自身不可能被感知，而只能通过它所产生的效果来感知。如果任何人想怀疑这里所说的东西的真实性，那他只须反思一下，试一试他能否形成任何能力或主动存在者的观念；他是否获得了用**意志**和**理智**之名表明的这两个主要能力的彼此不同的观念；他是否获得了与第三个实体或一般存在者的观念不同的观念，并且带有一个相关概念即认为实体或一般存在者支撑着或就是上述能力的主体，即用**灵魂**或**精神**之名表示的东西。某些人是肯定这些东西的，但就我

所知，**意志**、**灵魂**、**精神**等词汇并不代表各种有差异的观念，实际上根本不代表任何观念，而只代表与观念非常不同的东西——一个作用者，它不可能与任何观念相似或被任何观念表示。但是，必须同时承认，我们既然知道或理解灵魂、精神、心灵活动——如意愿、热爱、仇恨——这些词汇的意义，那我们对它们也有一些概念[①]。

28. 我发现我可以在自己的心中随意刺激产生各种观念，并且只要我认为是恰当的就经常变换情景。在我的想象中，只要有意愿，这种或那种观念就立即产生；意愿消除一种观念，又为另一种观念让路。诸观念的产生和消失非常恰当地表明了心灵的能动性。因此，这是非常确定的，以经验为根据的。但是，如果我们想到无思想的作用者，或者想到排除了意志可以引起观念，那我们就只是在用文字自娱自乐了。

29. 但是，不论我有什么能力加诸我自己的思想，我发现我通过感官实际感知的观念并不同样依赖我的意志。在开阔的日光下我一睁开眼睛，我并没有能力选择看还是不看，决定哪些特殊对象呈现在我眼前；至于听和其他感官也是如此，印在感官之上的观念不是我的意志的产物。因此，一定还有某种其他的意志或精神在产生它们。

30. 感觉观念要比想象的观念强烈、生动和清晰；

36

---

① 这一节的最后一句，是 B 版增加的。——译者

它们同样是稳定的、有序的、前后一致的，它们不是如人的意志的结果那样被随意产生的，而是处于有规则的系列中，其绝妙的联系足以证明造物主的智慧和仁慈。我们所依赖的那个心灵在我们中间激起感觉的观念时，要用固定规则或确立的方法，它们被叫作**自然律**。我们通过经验学习自然律，经验教导我们，在日常事物的过程中，某些观念是伴随着某些其他观念的。

31.这给了我们一种先见，它使我们能够为了生活的好处调整我们的行为。没有这种先见，我们将永久陷于迷失之中。我们无法知道怎样做事才能使我们获得最低限度的快乐，消除感官的最低限度的痛苦。食物提供营养，睡觉使人恢复精力，火使我们感到温暖，播种时节播种，收获季节收割。总之，为了达到这样那样的目的，各种手段都是有利的。我们知道，所有这些不是因为发现了我们观念之间的任何必然联系，而只是观察到了自然的固定规律；没有这些规律我们将完全陷入不确定和混乱中，而一个成年人将如初生的婴儿一般，不知道在生活事务中如何管理自己。

32.但是，这种一致的、统一的作用，虽然已经非常明显地展示了主宰精神——其意志构成了自然律——的善意和智慧，可是并没有让我们的思想导向他，而是让它们在次等原因后面徘徊。因为，当我们感知常被其他观念伴随的感觉观念且知道这不是我们的作为时，我们就毫不犹豫地把能力和能动作用归于观念自身，并且使一观念成为另一观念的原因，但这是最荒谬、最不可

37

理解的事情。例如，我们观察到，我们通过视觉感知某个圆形的发光的形态，同时又凭触觉感知到被叫作热的观念或感觉，我们由此得出结论说，太阳是热的原因。同样，当感知到物体的运动与碰撞并伴有声音时，我们也会认为后者是前者的结果。

33. 自然的创造者① 在感官上所印的各种观念叫作**真实事物**；在想象中产生的那些观念不那么规则、生动与持久，它们应更准确地叫作**观念**或它们所复写和表现的**事物的影像**。但是，我们的感觉，虽然非常生动和清晰，却仍然是**观念**，即它们存在于心中或被心灵所感知，真的就像心灵自己形成的观念一样。我们承认感觉观念有更多的实在性；也就是说，它们比心灵的产物更有力、更有序、更连贯，但这不能证明它们存在于心外。它们较少依赖感知它们的那个精神或思想的实体，它们在精神或思想实体中由创造者和更有力的精神的意志所产生，然而它们仍然是**观念**；任何**观念**，不论强弱，都只能在感知它的心灵中存在。

34. 在进一步讨论之前，我们必须花些时间来回答对迄今我主张的原理可能给予的责难。在回答责难时，如果理解敏捷的人觉得我啰嗦，我希望得到原谅，因为并非所有人都同样能理解具有这种本性的事物，而我愿意让人人都理解它们。第一，人们会反对说，根据前述的原理，自然中一切实在的、重大的东西都被排除在世

38

---

① 即"上帝"。——译者

界之外了；相反，在其中产生的是一个不真实的观念体系。存在的所有事物，如果只存在于心中，那它们就纯粹是概念性的。那么，日、月、星变成了什么东西呢？我们该怎样设想房屋、河流、山岳、树木、石头，或者自己的身体呢？所有这些东西都只是想象中的幻想、错觉吗？对所有这些及其他可能有的类似责难，我回答说，根据前述的原理，我们没有被夺走自然中的任何事物。我们看见、触摸、听到的，以任何方式设想或理解的任何东西，都像以前一样安全牢固、一样真实。这里还有一种自然①，而且在真实性和虚幻性之间存在明确的区分。从 29、30 和 33 节可以看到这是很明显的，在那里我们已经表明用**真实物**指的是什么：它与虚幻物或我们自己形成的观念相对立。但是，它们都同样存在于心中，在这种意义上它们是同样的**观念**。

35. 我们通过感觉或反思能够理解任何一物的存在，我不会反驳这一点。我用眼睛看到、用手触摸的事物的确存在、真实存在，对此我毫无疑问。我唯一否认其存在的事物，是哲学家叫作物质或有形实体的东西。我否认这一点，但这对其余人并没有什么危害，我胆敢说，他们绝不会惋惜它。只有无神论者确实想要一个空洞名称的幌子来维持他们的不敬；而哲学家们可能会发现，他们不能再掌控琐碎之事与争论了。

36. 如果有人认为，这种观点诋毁了事物的存在或

---

① *rerum natura*，拉丁语：物性，事物的本性。——译者

真实性，那他完全没有理解我用我能想到的最浅显的词句所表述的观点。在这里再概述一下已经说过的东西。有一些精神性的实体、心灵或人的灵魂，它们随意刺激产生观念，但这些观念是模糊的、微弱的、不稳定的；至于其他的被感官感知的观念，则是按照自然的某种规则或规律被印在感官上的，它们说自己是一种比人的精神更有力、更有智慧的心灵的结果。据说，后一种观念比前一种观念**更真实**：这是指，它们更具影响力、更有序、更清晰，它们不是由感知它们的心灵虚构的。在这种意义上，我在白天所看见的太阳是真实的太阳，我在夜间想象的太阳只是前者的观念。根据这里所给出的**真实性**的含义，显然每种植物、每颗星、每一种矿物，总之宇宙系统的任何一部分，根据我们的原理和根据其他的原理一样，同样都是**真实存在者**。如果其他人用**真实性**一词所指的东西与我所说的不同，那我请他们观察一下自己的思想，看看究竟是什么样的。 39

37.或者，人们又强烈主张说：如果那样的话，我们至少就真的夺走了所有有形实体。对此我的回答是，如果**实体**一词在通俗的意义上被认为是可感性质——如广延、硬度、重量等——的结合，人们就不能指控我们夺走了有形实体。但是，如果实体在哲学的意义被认为是用来支撑心外存在的偶性或性质的，那么我确实承认我们把它夺走了：假如人们说，一个根本不存在甚至在想象中也不存在的东西，也可以被夺走的话。

38.您或者说，要说我们吃观念、喝观念、穿观念那是很难听的。我承认的确如此，在平常的谈话中所用的**观念**一词，不能用来表示各种可感性质的各自结合——这些结合物被叫作**事物**；可以肯定，与语言的熟悉用法不同的任何表述似乎都是难听的、可笑的。但是，这与这个命题的真理性无关；换言之，那个命题不过是说，我们所吃的、所穿的那些东西是我们直接通过感官感知的。硬或软、颜色、滋味、温暖、形状及类似的性质，结合在一起时就组成了不同种类的食品和衣服，我们已经证明这些性质只存在于感知它们的心中，这就是叫它们为**观念**所指的全部。观念一词如果像**事物**一样日常使用，则它听起来并不比事物难听、可笑。我所争执的，不是这一表述是否恰当，而是它是否是真理。因此，如果您同意我所说的，我们吃的、喝的、穿的都是感官的直接对象，它们不能在未被感知时存在或在心外存在，则我乐意承认，称它们为事物而不称为观念是更恰当、更符合习惯的。

40

39. 如果有人问，我为什么用观念一词，而不顺从习惯把它们叫作事物。我的答复是，这样做有两个理由。一是因为**事物**一词和**观念**进行对比时，一般被认为是指某种在心外存在的东西；二是因为**事物**的含义比**观念**更广泛，它包括了精神或能思想的事物以及观念。因此，既然感官对象只存在于心中，而且是无思想的、不活动的，所以我选择用观念一词来标识它们，观念包含了那些性质。

40. 但是，不论我们说什么，有人或许会答复说，他仍然相信他的感官，决不容许那些貌似有理的论证来战胜它们的确定性。诚如所言，像您乐意高调维护感官的证据一样，我们也愿意那样做。我看见、听到、触摸的东西确实存在，但那只是说，被我感知而存在，对此我不怀疑，正如我不怀疑我自己的存在一样。但是，我看不到，感官的证据如何能被断定为任何不被感官感知的事物存在的证据。我们不想使任何人变成一个**怀疑论者**，而不相信他的感官；相反，我们给予感官一切可想象的强调和保证。没有别的原理比我们主张的原理更与怀疑论对立，对此将在后面予以清楚阐明。

41. 第二，有人又会反对说，例如，在真实的火与火的观念之间，在梦见或想象自己被烧与自己实际被烧之间，存在重大差别：可以极力主张用这个和类似的例子来反对我们的原理。已经说过的东西显然可以回答所有这些责难，我在这里只是补充说，如果真实的火非常不同于火的观念，那么它所引起的真实的痛也非常不同于同一种痛的观念；但是，没有人会声称，真实的痛比起痛的观念来说，是在或可能是在未感知的事物中存在或在心外存在的。

42. 第三，有人又会反驳说，我们看到实际上存在于外部或远离我们的各种事物，因此它们不存在于心中，认为那些在几英里的距离被看见的事物就像我们的思想一样离我们很近，那是荒谬的。为了回答这个反驳，我希望人们考虑到，在梦中我们经常感知到事物在很远的地方存在，可是我们仍然只承认这些事物只存在

41

于心中。

43. 不过为了更详细地阐明这一点，还应当考虑到，我们是如何借视觉感知到距离和远隔的事物的。因为，如果我们真的看到外部空间，看到物体实际存在于其中，看到有的近、有的远，这似乎就与已经说过的东西——它们决不可能在心外存在——相对立了。考虑到这一困难，我写作了《视觉新论》一书，前不久将其出版①。在那本书中已经表明，距离或外部本身既不是通过视觉直接感知到的，也不能通过线段与角度或与其有必然联系的任何东西来理解或判断，它只是通过某些可见观念和伴随着视觉的感觉而呈现给我们的思想的，但是这些观念和感觉在其本性上与距离或远隔的事物没有任何相似之处或关系。然而，借助经验教给我们的它们之间的联系，它们能够向我们表明自身，正如任何语言的文字都提示了它们所代表的观念一样。因此，一个天生的盲人在后来如果能看见事物，他在初看之下不会认为，他所看见的东西是在他的心之外或远离他的（参见《视觉新论》第41节）②。

———————————

① 《视觉新论》在1709年出版。在贝克莱一生中，《人类知识原理》出版过两次。1710年在都柏林（Dublin）第一次出版（A版），1734年在伦敦（London）与《三篇对话》合集第二次出版（B版）。——译者

② 《视觉新论》第41节："从前面的论述中可以得到一个明显的结论：一个天生的盲人，如果能使他看见东西，他起初并没有通过视觉获得的距离的观念；太阳、星星、最远的对象和最近的对象，所有这些与其说在他的眼睛中不如说在他的心中。被视觉侵入的对象对他来说似乎只是（实际上就是）一组新的思想或感觉，其中的每一个对他都是那么近，就像痛苦或快乐的知觉，或者他灵魂里的最内在

44. 由视觉产生的观念和由触觉产生的观念是两个完全不同的和异质的种类。前者是后者的标志和预兆。《视觉新论》已经表明，视觉的真正对象既不存在于心外，也不是外部事物的影像。虽然可触知的对象在各方面都与视觉对象相同，但是，可触知的对象被认为是相反的①：这不是要假设通俗的错误是建立那本书所主张的概念所必需的，而是因为在关于**视觉**的论述中我的目的不是要考察和反驳那种错误。因此，虽然我们通过视觉观念来理解距离和在远处的事物，但是严格说来，视觉观念并没有向我们提示或指出实际上在远处存在的事物，而只是提醒我们：在某种时间距离以后，在某种行为的结果中，什么样的触觉观念将会印在我们的心里。从本书的前几部分、《视觉新论》第147节和其他地方关于视觉所说的东西中，可以明显看到，视觉观念是我们所依赖的主宰所使用的语言，他用这种语言告知我们，当我们在自己的身上刺激产生这种或那种动作时，他将把什么触觉观念印在我们心中。但是，要更详细地了解这一点，请参照《视觉新论》那本书。

45. 第四，有人会反驳说，根据前面的原理可以得出结论：事物每时每刻都在消灭和创生，感官对象只在

42

的激情一样近。因为我们判断由视觉提供的远隔的，或心外存在的对象时，完全是经验的结果（参见第28节），而一个人在那些情况下不可能也会获得同样的经验。"——译者

① 即被认为可以在心外存在。——译者

它们被感知时才存在。因此，花园中的树或起居室中的椅子，只存在于它们被某人感知的时候。一旦我闭上眼睛，屋子里的所有家具都归于乌有，而我只要一睁开眼睛它们又被再次创造出来。在回答这些责难时，我请读者参考在第3、4节及其他节说过的东西，希望他考虑一下：他用一个观念的实际存在所指的东西与这个观念被感知，究竟有无区别。就我来说，在我能够作出最精细的研究之后，我不可能发现这些文字指的是别的东西。我再次恳求读者倾听自己的思想，不要被文字所欺骗。如果他能够想象，他的观念或观念的原型，能够在被感知之外存在，那我就放弃我的主张；如果他不能，却还要坚持捍卫他不知道的东西，因为我不同意那些毫无意义的命题就声称我的观点是荒谬的，那他就要承认自己太无理了。

46.注意到下面这一点是恰当的：那些被接受的哲学原理本身受到了这些所谓的荒谬何等的指责。闭上我的眼睛，我周围的所有可见对象都归于无，这被认为是何等的荒谬，但是当哲学家们一致同意，视觉固有的和直接的对象——光和颜色——仅仅是感觉、不被感知时它们就不再存在的时候，这不是他们都承认的东西吗？还有，说各种事物可以在每时每刻被创造出来，在有些人看来似乎是完全不可信的，但是在学院中共同讲授的正是这样的观点。因为经院学者虽然承认物质的存在，承认宇宙的整体结构是由物质构成的，但仍然认为，没有神的保持物质就不可能存在，而他们把神的保持解释为连续的创造。①

47. 更进一步，我们稍加思考就会发现，我们虽然承认物质或有形实体是存在的，但是根据现在一般承认的原理必然得出这样的结论：不论何种特殊物体，决不可能在它们不被感知时存在。因为从第 11 节和随后的各节来看，很明显，哲学家力主的物质是不可理解的东西，它没有任何特殊性质——借助这些性质，物体在我们的感官之下被相互区分开。但是，为了使这一点更明白，必须注意到，物质的无限可分性现在得到普遍承认，至少是得到最著名的和相当重要的哲学家的承认，他们依据公认的原理明白地证明了它。因此可以推断说，在物质的每个粒子中都存在无数的部分，这些部分不能被感官感知。所以，任何特殊物体似乎具有有限的体积，只对感官展示有限量的部分，但其原因不是它没有包含更多的部分——因为它自身包含了无数的部分，而是感官不敏锐、不足以识别它们。因此，感官愈敏锐，它对对象中的部分的感知的量就愈大；也就是说，对象变大了一些，它的形状就改变了，以前在两端中不可感知的部分，现在表现为被线条和角度所限制，这些线条和角度完全不同于被迟钝的感官所感知的东西。因此到最后，当尺寸和形态经过很多变化以后，当感官变得无限敏锐时，物体看起来就是无限的。在这整个过程中，物体并没有发生

44

---

① "连续创造的学说"是基督教的正统学说。参见圣·托马斯·阿奎那《神学大全》第一集第 104 个问题第 1 条。——译者

变化，而只是感官发生了变化。因此，每一物体就其自身来考虑时，是被无限扩展的，所以没有任何形态或形状。由此可以推论，虽然我们应该承认物质的存在是确定无疑的，但仍然可以肯定，唯物论者依据他们自己的原则不得不承认，不论被感官感知的特殊物体，还是像它们一样的任何东西，都不是在心外存在的。物质和每个粒子，照他们所说，都是无限的、无形的，只是心灵形成了组成可见世界的各种物体，因此任何物体不被感知就不存在。

48.如果我们考虑到这一点，人们就无理由把在第45节提出的反驳加在我们前面提出的原理上，以致真正构成对我们的观点的责难。因为虽然我们坚持认为，感官对象仅仅是不被感知就不能存在的观念，但是我们不因此就断言，它们只在被我们感知时才存在：虽然我们没有感知它们，但可能还有某种其他的精神感知它们。不论何处的物体都被说成是在心外就不存在，而我这里所说的心灵不是指这种或那种特殊心灵，而是指所有的各种各样的心灵。因此，根据前面的原理不能推断，诸物体在每一时刻都在消灭和产生，或在我们感知它们的间隔之间根本不存在。

49.第五，有人也许会反驳说，如果广延和形状只存在于心中，那么心就是有广延和形状的；因为广延是样式或属性，它是用来述说（用经院派的话来说）它存在于其中的那个主体的。对此我的回答是，那些性质只有当它们被心灵感知时才在心中，也就是说，它们不是被当作**样式**或**属性**，而只被当作**观念**。而且不能由此得出，既然广延只存在于心中或灵魂中，那灵魂或心灵就是有广延的；正如大家虽然一致承认红色或蓝色只存在于心中而不在其他地方存在，却不因此就说心是红的或蓝的。至于哲学家们就主体和样式所说的那些话，似乎是非常没有根据的、不可理解的。例如，在"一个骰子是硬的、有广延的、方的"命题中，他们认为，**骰子**一词指的是主体或实体，它与硬度、广延和形状明显不同，这些东西表述它并存在于其中。我不能理解这一说法。在我看来，骰子似乎与那些被叫作骰子的样式或偶性的东西没有区别。说一个骰子是硬的、有广延的、方的，这不是把那些性质归结到一个与它们不同的、支撑它们的主体，而只是对**骰子**这个词的含义的解释。

45

50.第六，您也许会说，存在大量的用物质和运动来解释的事物，如果把这些东西去掉，您就破坏了整个微粒哲学①，削弱了机械论原理——这些原理被应用来非常成功地解释了机械现象（phenomenon）②——的基础。总之，不论古代或现代哲学家在自然研究中取得何种进步，都只是由于他们假设有形实体或物质是真实存

① 微粒哲学，即机械论哲学（Mechanical Philosophy）。十七、十八世纪，西方哲学试图用物质微粒的特性，如形态、大小、位置、运动、静止，来说明自然现象。伽利略、伽桑狄、笛卡尔、波义耳、牛顿等人是这种哲学的主张者和阐发者。——译者

② 贝克莱并没有严格区分 phenomenon 和 appearance，两个词都是"现象"的意思。为了加以区分，我将前者译为"现象"，将后者译为"显象"。——译者

在的。对此我的回答是，依据那一假设来解释的现象没有那一假设也一样解释得清楚，如果对特殊现象加以归纳，就很容易看清这一点。解释那些现象，正是要表明，为什么在这种情况下我们会受到这些观念的影响。但是，物质如何作用于精神，或在精神中如何产生观念，没有一个哲学家敢自称要去解释。因此很显然，在自然哲学中物质不可能有什么用处。此外，那些试图解释事物的人并不用有形实体来解释，而是只用形状、运动和其他性质来解释，但这些性质实际上只是观念，因此不可能是事物的原因。这一点已经论述过了（请参见第25节）。

51. 第七，关于这一点人们还会问：去掉自然原因，把每一事物归结为精神的直接作用，这看起来不是很荒唐吗？根据这些原理，我们不必再说，火发热、水生凉，而应说精神发热、精神生凉。如果一个人按照这种方式说话，他不是活该被嘲笑吗？我回答说，他是该被嘲笑。在这些事情上，我们的**思考**应当**依从学者**，而我们的**谈话**应当**依从大众**。那些经证明而确信哥白尼体系的真理性的人，仍然会说，太阳升起，太阳落山，太阳当顶。如果他们在通常谈话中假装一种相反的风格，毫无疑问那是显得非常可笑的。对这里所说的东西稍微想一想就会明白，即使承认了我们的原理，通常的语言用法也不会有什么改变或受到什么干扰。

52. 在生活的日常事务中，任何语句，只要在我们当中刺激产生恰当的情感或倾向，使我们按照幸福所需

46

要的方式去行动，则不论它们多么虚假，如果在严格的、思辨的意义上对待，仍然可以保留下来。这是不可避免的，因为语言的恰当性是由习惯来调整的，因此语言是适合于公众意见的，而公众意见不总是真实可信的。所以，即使在最严格的哲学推理中，我们也不可能改变我们所说的语言的倾向和特征，不可能不给吹毛求疵者非难、反驳我们的把柄。但是，一个公正、坦率的读者，会默认那些不准确的说话方式——这是语言使用不可避免的，而只从谈话的范围、主旨和联系来整理其意思。

53. 迄今，某些经院学者主张不存在物质的原因，近代哲学家中也有其他人这样认为。虽然他们容许物质存在，但认为唯有上帝是万物直接的动力因。这些人看到，在感官的所有对象中，它们都没有任何能力或在自身包含了活动性；因此，这同样适用于他们假设的在心外存在的物体，就像适用于感官的直接对象一样。但是，他们既然不承认，他们假设的无数的被造物能在自然中产生任何效果，那它们就决不是为什么目的而造的，因为上帝没有它们也一样可以做任何事情。我以为这种假设即使是可能的，也一定是一个难以解释的、肆无忌惮的假设。

54. 第八，有的人可能会认为，人类普遍的、同时存在的同意，是证明物质或外部事物存在的不可反驳的证据。我们一定要假设全世界都错了吗？如果这样，什么原因可以用来解释这种如此普遍、如此得势的错误

47

73

呢？我的回答是：首先，经过精细的研究之后我们或许会看到，并没有如想象的那么多人确实相信物质或心外事物的存在。严格说来，我们不可能相信包含了矛盾或没有意义的东西。上面的表述是否属于这一类，我呈交给读者，自己去作公正的考察。在一种意义上，确实可以说人们相信物质存在。也就是说，他们的行为好像使自己觉得，那每时每刻都在影响他们且几乎直接呈现给他们的感觉的直接原因，是某种无感觉、无思想的存在者。但是，说他们清楚地理解了这些语词表示的意思，并由此形成了一种确定的思辨观点，那是我不能想象的。人们欺骗自己，想象他们相信经常听说的那些命题，尽管那些命题根本没有什么意义。这样的事例很多，这里只举了其中一个。

55. 其次，我们虽然承认有人们普遍坚持的观点，这也不足以证明那个观点的真理性；任何人一想到，人类中有一部分无思想的人（他们占绝大多数）极其固执地接受大量的偏见和虚假意见，这就很明白了。有一个时期，地球的对跖地①和地球运动被认为是特别荒谬的，甚至有学问的人也这样认为。如果考虑到相信此说的人只占人类的极小部分，我们就会发现，即使在今天那些观点在世界上也几乎没有什么立足之地。

56. 但是，人们又要求我们指出这种偏见的原因，以说明其何以流行于世。对此我的回答是②，人们知道

---

① The Antipodes（对跖地）：地球上正好相反的地区。——译者
② 此处是贝克莱对第九个反驳的回答，原文缺"第九"。——译者

自己感知了一些观念，但他们自己不是这些观念的创造者：这些观念不是从内部刺激产生的，也不依赖他们的意志的活动。这使他们主张，那些观念或知觉的对象，是独立存在的、在心外存在的；他们甚至做梦都没有想到，这些语词中包含了矛盾。但是，哲学家们却分明看到，知觉的直接对象并不在心外存在。他们在某种程度上纠正了大众的错误，但在同时又陷入另一种似乎同等荒谬的错误，即认为，心外有某些真实存在的对象，或者有不同于被感知的存在者，我们的观念只是其影像或肖像，它们被那些对象印在心中。哲学家的这种观点与大众的观点一样，来源于同样的原因，即，他们意识到自己不是自己的感觉的创造者，分明知道那些感觉是从外部印入的，因此就断言一定有某种不同于心灵——观念被印在心灵上——的原因。

48

57. 但是，人们为什么假设感觉观念是由与其相似的事物在我们当中刺激产生的，而不是诉诸唯一能活动的**精神**呢？我们可以这样来解释。第一点，他们既没有意识到，假设外部有类似于我们的观念的事物存在所包含的矛盾，也没有意识到，认为这些事物是能力或活动的结果所包含的矛盾。第二点，虽然最高精神在我们心中刺激产生那些观念，但他不是通过任何特殊有限的感觉观念的集合来表示的，就如人类是通过他们的尺寸、肤色、肢体和运动来表示的一样；他也不受我们的视域的限制。第三点，由于他的运作是有规律的、始终如一的，当自然的进程被奇迹所打断的时候，人们就容易承认一个更高作用者的存在。然而，当我们看到诸事物在日常过程中存在、活动时，它们不会在我们当中引起任何思考；事物的秩序和相互连接，虽然是它们的创造者的最大智慧、权力和善意的证据，但它们是永恒存在的，我们已经司空见惯，不认为它们是一个**自由精神**的直接结果。之所以这样认为，是因为行动中的无规则性和易变性虽是一个缺点，但我们认为这是**自由**的标志。

58. 第十，人们会反驳说，我们所主张的观点是与哲学和数学中的一些可靠的真理相矛盾的。例如，地球的运动现在得到天文学家的普遍承认，这是一个建立在最清楚、最有说服力的理由上的真理。但是，按照前面的原理，就不可能有这样的事情。因为运动只是一个观念，那它在不被感知时就不存在，而地球的运动是不被感官感知的。我的回答是，那个学说如果被正确地理解了，将会发现它与我们前述的原理是一致的。因为地球是否运动的问题，实际上相当于说，我们是否有理由从天文学家所观察的东西中得出这样的结论：如果我们处于某种情况下，处于这种或那种位置，与地球和太阳有一定距离，我们是否感知到地球在行星群中的运动，它在各方面都显得像一颗行星。不过这一点，根据确立的、我们没有理由不相信的自然规则，是可以从现象中合理地推断出来的。

59. 我们因为经验到心中观念是连续的和成系列的，因此我们经常根据这种经验对于跟随一系列行动后所要影响我们的那些观念，作出一些确定的、有根据的预言

（而非不确定的猜测）；且能够正确地判断，在我们将来
所处的情况与我们现在的情况非常不同时，我们面前会
发生什么。自然的知识就存在于此，这可以保持其用处
和确定性与我们说过的东西完全一致。如果有人根据星
星的亮度或天文学或自然中的任何其他发现，作出类似
的反驳，则我们很容易用这里的说法予以答复。

60.第十一，人们或许要求回答，植物的奇妙组织，
动物各部分的精妙结构，用作什么目的呢？没有那些精
巧安排、复杂多样的内在组织，植物不是照样生长、布
叶开花，动物不是照样完成自己的动作吗？那些内在组
织既然只是观念，其中既没有什么有力量的或起作用的
东西，与被认为是由它们产生的结果也没有必然联系，
那还用它们做什么呢？如果一个精神通过**命令**或其意志
的行为，就直接产生了每一效果，那我们必须认为，不
论在人方面还是自然方面，一切精妙的工作都白费了。
根据这个学说，虽然一个匠人造了一个表的发条、齿轮
和每一机械装置，并按照他知道会产生的自己设计的运　50
动来调整它们；可是他必须认为，自己所做的这一切都
是毫无效果的，只有一个神明在指引指针，在指向时
辰。如果这样的话，那个神明为什么不免除工匠制造机
械装置并加以组装之苦，而直接就指出时辰呢？为什么
一个空表壳不能像另一个表一样起作用呢？每当表在走
的时候出了差错，就会在机械装置中发现相应的混乱，
这时巧手加以修理，表又走得准确无误，这是怎么实现
的呢？关于自然界的所有发条装置都可以这样说，其中

的大部分都是精妙无比的，即使用最好的显微镜也无法识别。总之，在普通哲学中，用最优美的技艺完成的无数的物体或机械，都有非常恰当的用处，且可用以解释纷繁的现象。但是，根据我们的原理，怎样才能为这些物体或机械给出大家可以接受的解释呢？怎样才能为它们找出最后的原因呢？

61. 对所有这些疑问，我的回答是：首先，虽然存在一些与上帝的管理、上帝安排给自然各部分的用处相关的困难，这些困难不能用前面的原理来解决；但是，这一责难在反对那些可以最明白的、先天证明的事物的真实性和确定性时，并不重要。其次，通常接受的原理也不能免除类似的困难。因为有人会问：既然任何人都不能否认上帝只通过他的意志的命令、而不用所有的工具和机器就可以产生事物，那上帝通过这些机械、用那些迂回的方法来产生它们，是出于什么目的呢？不仅如此，如果我们仔细地考察这一点，就会发现，可以更有力地用这一反驳来回击那些主张这些机器在心外存在的人；因为很明显，固体、体积、形状、运动和类似的东西，并没有**活动性**或**效能**，不能在自然中产生任何结果（参见第 25 节）。因此，谁要假设它们在不被感知时存在（即使这个假设是可能的），那也明显是毫无效果的；因为这样假设的唯一用途是，由于它们不被感知而存在，它们就产生了那些可感知的结果，但实际上这些结果不能归结为其他事物而只能归结为精神。

62. 如果更详细地考察这一困难，一定会看到，虽

然所有这些部分和器官的构造不是产生任何结果所绝对
必需的，但在按照自然律永恒地、有规则地产生事物时
这种构造是必需的。有一些贯穿在整个自然结果链条中
的自然律，人们通过对自然的观察和研究而学得这些规
律，人们还运用这些规律制造各种人工事物，以供生活
之用和美化生活，或者用来解释各种现象。这种解释旨
在表明，任何特殊现象符合一般自然律，或者（这是同
样的事情）发现在产生自然结果的过程中存在**齐一性**
（*uniformity*）。任何人如果注意哲学家如何假装要解释显
象（appearances）① 的那些事例，都明白这一点。最高
主宰所遵守的那些有规律的、恒久的工作方法，自有其
伟大的、显著的用处，这在第 31 节已经表明。在这里
一样可以看到，各部分的特殊尺寸、形状、运动和配置
虽不是产生任何结果时绝对必需的，然而是按照长期有
效的自然的机械规律来产生结果时所必需的。例如，不
能否认维持和统治事物的日常进程的上帝或神明，如果
他想产生奇迹，可以随心所欲地造成表盘上的所有运动
（尽管此前没有人使表运动），并把运动放入表中；但
是，如果他同意按照在创造中为明智的目的所建立和维
持的机械规则行动，则必然先有表匠的行动——表匠通
过那些行动来使表运动并校正之，才能产生表盘上的运

① 在《原理》中，贝克莱使用了 phenomena 15 次，使用了 appea-
rances 13 次。他一般不在同一节里同时使用，唯一在第 62 节同时
使用了这两个词，表明两个词的意思是可以互换的。参见本书 50
节注②。——译者

动；此外，如果表匠的动作发生混乱，我们就会跟着看到表的机械装置会发生相应的混乱，这些机械装置被再次校正后，则表又走准了。

63.在某些情况下，自然的创造者诚然必须显示，在产生某种远离日常事物系列的显象时其压倒一切的力量。背离一般自然法则的这些事例，最使人感到惊奇，使人敬畏地承认上帝的存在；但是这些例外事件毕竟不常见，否则就有清楚的理由认为它们不能使人感到惊奇和敬畏。此外，上帝似乎不愿以反常的、惊人的事件来惊醒我们，使我们相信他的存在，似乎愿以自然的作品来使我们的理性相信他的品性；因为在自然作品的构造中发现了很多的和谐与设计，它们很清楚地表明了它们的创造者的智慧和仁慈。

64.为了更清楚地阐明这个问题，我会说，在第60节遭到反驳的东西，实际上只是指：各种观念不是随便、任意产生的，观念之间存在某种确定的秩序和联系，就像因果之间的秩序和联系一样；观念之间也有按照规则的、精巧的方式形成的各种组合，这些组合看起来很像自然手里的很多工具，虽然隐藏在布景后面，却有秘密的行动在产生世界舞台上可见的那些显象。但是，这些组合本身只能被某个哲学家的好奇眼光识别出来。然而，一个观念既然不能是另一个观念的原因，那么观念间的联系的目的是什么？既然那些工具只是心中**不产生效果的知觉**，而且对自然结果的产生也没有什么帮助，那就要问：为什么它们被造成那样？上帝为什么使我们在详尽地检查了他的作品之后，看到如此繁多的观念被巧妙地聚合在一起，且非常遵守规则呢？我们很难相信，他会毫无目的地耗费（如果可以这样说的话）所有的艺术和规则。

65. 对所有这些责难我的回答是：首先，观念之间的联系不是指原因和结果的关系，而只是标记或**符号**与**所指**事物的关系①。我看见的火不是我接近它时感觉到痛的原因，而是预先警告我不要靠近它的标志。同样，我听到的声音不是周围物体这种或那种运动或碰击的结果，而是相关的符号。其次，观念构成机器即人造的、有规则的组合物的原因，与字母组成词汇的原因相同。用很少的原初观念来表示大量的结果和行为，则它们必然是以各种方式组合起来的；而且为了使它们的作用恒久而普遍，这些组合物必须根据**规则**和**聪明的设计**来制造。通过这种方法，大量的信息就传达给我们了，使我们知道从如此这般的行为中会产生什么后果，知道应当用什么方法来刺激产生如此这般的观念。事实上，如果有人说通过识别物体（自然的或人工的）内部各部分的形态、组织和结构，我们就可以知道依赖这些东西而产生的用处和性质或知道该事物的本性，那么，上面说的所有这些就是我明白想表达的东西。

66. 显然，按照原因共同作用或同时发生以产生结果的观点，那些事物是完全无法解释的，会使我们陷入

53

---

① 在英文中"符号"（sign）与"所指"（signified）有词源关系，但在中文中无法反映出来。——译者

极大的荒谬；但是，如果它们只被认为是我们的信息的标记或符号，则它们可以得到很自然的解释，而且具有独特的、明显的作用。自然哲学家的工作就是应当去探求、努力理解自然的创造者所制定的那些符号，而不是假装用物质的原因来解释事物；后一种学说似乎使人心极大地疏离了那种能动原则，疏离了**"我们生活、动作、存留，都在乎他"**[①] 的至高的、智慧的精神。

67.第十二，人们或者会反驳说，虽然从所说的东西中可以清楚地得出结论：在心外并不存在无活动力的、无感觉的、有广延的、坚硬的、有形状的、能运动的实体——如哲学家所描述的那样，但是，如果一个人在他的**物质**观念中，不考虑广延、形状、硬度和运动的肯定观念，而说他用物质这个词只是指无活动力的、无感觉的实体，它存在于心外或不被感知而存在，它是我们的观念的缘由，或者上帝借此乐意在我们当中刺激产生观念，那么，在这种意义上考虑的物质是可以存在的。对此，我的回答是：首先，假设没有偶性的实体与假设没有实体的偶性一样荒谬。其次，虽然我们可以承认这种不可知的实体可能存在，但是假设它在哪里存在呢？我们同意说它不在心里存在，但我们确实知道它不在任何地方存在，因为如已经证明的所有广延都只存在于心中。因此，它在任何地方都不存在。

68.我们稍微考察一下，人们给我们的**物质**的描述。

---

① 出自《圣经》"使徒行传"第17章第28节。——译者

物质不活动，没有感知，也不能被感知，这就是当说它是无活动力的、无感觉的、不可知的实体时所指的全部含义；除开它的与支撑或支持相关的含义外，这是一个完全由否定词组成的定义；但是必须说，它根本不**支撑**什么东西，我希望人们考虑到，这非常接近于对**非存在体**的描述。您可能会说，物质是**未知的缘由**，在它出现时，上帝的意志在我们当中刺激产生观念①。但是，一种东西既不是被感官或反思所感知的，也不能在我们心中产生任何观念，而且根本没有广延，也没有任何形式，也不在任何地方存在，那我很想知道它怎么能"呈现给"我们？词组呈现给当这样使用的时候，其意义必定被认为是抽象的、奇怪的，那是我不能理解的。

69.还有，我们来考察"**缘由**"一词指什么。根据语言的通常用法我可以知道，"缘由"一词，或者指产生任何结果的作用者，或者指在事物的通常进程中被观察到伴随结果而来的（或先于结果而来的）某种东西。但是，当把"缘由"一词用于上面描述的物质时，它不能被认为是其中的任何一种含义。因为，物质被说成是被动的、无活动力的，所以它不可能是作用者或动力因。它也是不可感知的，它缺乏所有可感性质，所以不

---

① 在这个意义上，缘由（occasion）是与原因（cause）相对的。某些笛卡尔主义者，如马勒伯朗士认为，心灵和物质不能相互作用，所以上帝直接产生了这个恰当的"相互作用的"结果。物质世界的状态（约为大脑的状态）是他对心灵直接作用的缘由，而心灵的状态（如意志的活动）是他直接作用于大脑以产生有意行为的缘由。——译者

可能在后一种含义上是我们的知觉的缘由（比如，烧我的手指被说成是伴随手指被烧而产生的痛的缘由）。那么，把物质称为**缘由**究竟是什么意思呢？因此，这个词的使用或者是根本没有任何意义的，或者其意义与通常接受的意义完全不同。

70.您也许会说，虽然物质不被我们感知，但仍然被上帝感知，对上帝来说，物质是刺激产生我们心中的观念的缘由。因为您说过，既然我们观察到我们的感觉是以有序的、恒常的方式被印入的，那就可以合理地猜想，有某种恒常的、有规则的缘由产生这些观念。也就是说，有一些持久的、清晰的物质部分对应于我们的观念。虽然这些物质部分在我们心中不刺激产生观念，或以任何方式直接影响我们，是完全被动的和我们不能感知的，但是它们仍然被上帝感知，就好像有如此多的缘由在提醒他：什么时候、把什么观念印入我们心中，这样的话，事物就可以恒常的、齐一的方式继续存在了。

71.在回答这一责难时，我想说，就这里陈述的物质观点来看，这个问题不再是与**精神**和**观念**相区别的、与感知和被感知相区别的东西的存在问题，而是：在上帝的心中是否存在某些我们不知其种类的观念，它们是许多的标记或记号，指示他如何在我们心中以恒常的、规则的方式产生感觉。即，上帝是否像一个音乐家，受音符指导产生被叫作乐曲的声音的和谐曲调，尽管听音乐的人感知不到这些音符，可能完全不知道它们。但是，这种物质的观点太过荒唐，不值一驳。此外，物质的观点实际上不能反驳我们主张的东西，即不存在无感觉的、不被感知的**实体**。

72. 如果我们遵循理性之光，我们将从我们感觉的恒常、齐一的方式中，推论出在我们心中刺激产生感觉的那个**精神**的善意和智慧，这就是我能合理地从中得出的所有结论。对我来说，**具有无限智慧、无限善意和无限能力的精神**的存在者足以解释自然界的所有显象。但是，说到**无活动力的、无感觉的物质**，则我感知的任何东西都与它没有联系，或没有使我们想到它。我乐于看到，有人用物质来解释自然界的最普通的显象，或者表明他有任何理由（哪怕只有最低的概率）来证明物质的存在，或者指出那一假设的任何一点可以接受的含义或意义。至于物质作为缘由，我想我们已经证明了，就我们来说物质不是缘由。因此，如果物质是缘由的话，那它一定是上帝在我们当中刺激产生观念的缘由；至于这意味着什么，我们刚才都看到了。

56

73. 我们值得花点时间稍微反思一下，诱使人们假设物质实体存在的动机是什么。在看到那些动机或理由逐渐停止和终止之后，我们可以相应地收回基于那些动机或理由的赞同。首先，颜色、形状、运动和其余的可感性质或偶性，被认为是实际上在心外存在的；由此，假设它们存在于其中的某种无思想的**基础**或**实体**似乎是必需的，因为它们不可能被设想为自己存在。其次，在时间的变化中，人们确信，颜色、声音及其他的可感的次生性质不能在心外存在，他们剥去了这种**基础**或物质实体的那些性质，只留下原始性质如形状、运动等，他们还设想这些原始性质是在心外存在的，因此需要物质的支撑。但是，我们已经表明，这些性质中的任何一个都只能在感知它们的精神中或心中存在，因此我们没有任何理由假设物质的存在。不仅如此，只要物质一词被认为指的是性质或偶性的**无思想的基础**——它们存在于这种基础中而在心外存在，那就根本不可能有物质这样的东西。

74. **唯物论者**自己承认，只是想用物质来支撑偶性。既然这个理由完全终止了，那人们就可以期待，人心应该自然而不勉强地不再相信仅仅在那种理由上所建立的东西。但是，这种偏见在我们的思想中已根深蒂固，我们不知怎样才能摆脱它，因此我们倾向于认为，虽然这**事**本身是站不住脚的，那至少保留其**名称**吧。于是，我们仍把物质一词用来指我不知道是什么的抽象和不确定的**存在者**概念或**缘由**观念，尽管没有任何证据或理由——至少我可以这么认为。因为，我们自己究竟存在什么，或者在通过感觉或反思印在我们心中的所有观念、感觉、概念中我们感知到什么，由此可以推出一个无活动力的、无思想的、不被感知的缘由？而且，就**全能的精神**来说，有什么东西使我们相信甚至猜测，他受到了一个无活动力的缘由的指导在我们心中刺激产生了观念？

75. 这是关于偏见的力量的一个极不平常的例子。更令人遗憾的是，人心违反理性的所有证据，就此事提出异议，遮蔽自己，看不见上帝的旨意，并使自己远离世界的事务，而非常偏爱一个无感觉、无思想的**某物**。但是，我们虽然竭尽所能来保证**物质**的信念，虽然在理性弃绝我们时我们仍努力支持关于那一事物的单纯可能性的观点，虽然我们自己沉溺在完全的想象中而不受理性的约束，来寻求那点**可怜的可能性**，但是得到的结果只是：在上帝的心中存在某些**不可知的观念**。这就是（如果有的话）我认为的关于上帝用**缘由**一词所指的全部意思。归根到底，这不再是那一**事物**本身之争，而是其**名称**之争。

76. 因此，上帝心中究竟有没有那一类观念，那一类观念是否可用物质之名来称呼，我不想争论。但是，如果您坚持一个无思想的实体的概念，或广延、运动及其他可感性质的支撑者的概念，那我认为显然决不可能存在这样的东西。因为，说那些性质存在于一个不能感知的实体中，或被它支撑，那是明显矛盾的。

77. 但是，您会说，虽然可以承认，不存在无思想的广延和其他我们感知到的性质或偶性的支撑者，但或许仍然可以存在某种无活动力的不感知的实体，或某些其他性质的**基础**我们不能理解这些性质正如天生的盲人不能理解颜色一样，因为我们没有适应于它们的感官。如果我们有一种新的感官，就会毫不怀疑它们的存在，正如盲人能视之后确实看到了光和颜色的存在一样。我的回答是，首先，如果您用**物质**一词只是指不可知的性质的不可知的支撑者，那么不论是否存在这样的东西都 58

没有关系，因为那与我们不相干。争辩我们不知道**是什么**、**为什么**的东西，我看不出有何益处。

78.其次，即使我们有一种新感官，它也只能向我们提供新的观念或感觉，那我们仍然可以不承认它们是在不感知的实体中存在的，其理由与我们前面在涉及形状、运动、颜色等性质时提出的理由相同。性质，如已经表明的，不是他物，只是**感觉**或**观念**，它们只存在于感知它们的**心**中；这不只适用于我们现在熟悉的观念，同样适用于一切可能的观念。

79.您或许会坚持说，即使我没有理由相信物质的存在，即使我不能给物质安排任何用途，或者用它来解释任何事物，甚至设想那个词指的是什么意思，但是如下说法并没有矛盾：物质存在，物质是**一般实体**，物质是**观念的缘由**，尽管我们很难揭示那些词语的含义，或者给予其特殊的解释。我的回答是，当语词没有意义地被使用时，您可以随意把它们放在一起，这没有陷入矛盾的危险。例如，您可以说，**两倍的二等于七**，只要您宣称您不采纳那个命题中的语词的通常含义，而只把它们当作您所不知的事物的标记。依据同样的理由，您可以说，存在一种没有偶性的、无活动力的、无思想的实体，它是我们的观念的缘由。但是，这两个命题我们都无法理解。

80.最后一点，您可能会说，如果我们放弃物质实体的起因，而只断定物质是一个**不可知的某物**，它既非实体也非偶性，既非精神也非观念、只是无活动力的、无思想的、不可分割的、不能运动的、无广延的、不在任何地方存在的一种东西，这样说行吗？因为您说，只要坚持物质的**否定的**定义，那么，为反对**实体**或**缘由**或任何其他肯定的或相关的物质概念而极力主张的东西，都根本无立锥之地。我回答说，如果您觉得合适，您可以像他人使用**虚无**一词那样使用**物质**一词，并按照您自己的风格互换这两个词。因为说到底，我认为这就是那个定义的结果；我在仔细考察那个定义的各部分（或者总体考察，或者分别考察）之后，我不曾发现我心灵上的任何一种结果或印象不同于被**虚无**一词所刺激产生的东西。

81. 也许您会回答说，前面说的定义包含了**本质**、**实在物**或**存在**的肯定的、抽象的观念，这足以把它同虚无区分开。我的确承认，那些自称有能力形成抽象的一般观念的人，说起话来确实好像他们有那样一个观念——据说那是所有观念中最抽象、最一般的概念，但在我看来那是所有其他观念中最难理解的。我没有理由否认，存在各种各样的具有不同秩序和能力的精神，他们的才能在数量和范围上都远远超越了造物主所给我的那些才能。因此，我如果假装以我自己极少的、受限的、狭窄的知觉通路，去决定具有无穷无尽能力的最高神灵把什么观念印在他们心中，那一定是愚蠢之极、极端放肆的。因为也许（但我不知道）存在无数种观念或感觉，它们相互不同，与我感知到的所有观念都不同，就像颜色不同于声音一样。不过，说到可能存在的无数种的精神和观念，我虽然可以马上承认自己缺乏理解，可是一个人如果自称，有一个从**精神**和**观念**、从感知和被感知中抽象出的实在物或存在的概念，那我以为是完全矛盾的，只是在玩弄字眼。下面我们将继续考察可能有的责难，它们也许是关于宗教的。

82. 有些人会认为，关于物体真实存在的论据是根据理性得出的，虽然不能认为这些论据就等于证明，但是在这一点上《圣经》说得很清楚，足以使每个善良的基督徒确信，物体是真实存在的，并不是纯粹的观念。在《圣经》中叙述的无数事实，都明白假设了木材、石头、山岳、河流、城市和人体的真实性。对此，我的回答是：任何著述，不论是神圣的还是世俗的，只要它们是在通俗的词义上使用那些词语和类似的词语，或者所用的词语有意义，就不会陷入其真实性被我们的学说责难的危险。我们已经表明，所有那些真实存在的事物，存在的物体，甚至有形的实体，当在通俗的意义上使用时，与我们的原理是一致的。我们已经明白解释了**事物**与**观念**，**真实物**与**虚幻物**之间的区别。而且我认为，哲学家所称的物质或心外的对象的存在，在《圣经》中任何地方都没有提到。

83. 还有，不论是否存在外部事物，大家都一致同意，词语的固有作用在于标记概念，或标记只被我们认识或感知的事物。因此，可以明白地得出：在我们主张的原理中，没有任何东西是与**语言**的正确使用和意义不一致的，而且无论哪种交谈只要是可理解的，都不会被搅乱。从前面所说的东西来看，这是很明白的，无须赘言。

84. 不过，您或许会说，按照我们的原理，所谓的奇迹至少会失去其大部分的重要性和意义。我们怎样设想摩西的手杖呢？它不是**真实地**变成了一条蛇吗？还是旁观者的心中只有**观念**的变化？[①] 能够假设说，我们的救世主在迦拿的婚宴上，只是欺骗了客人的视觉、嗅觉和味觉，在他们心中创造了酒的表象或观念？[②] 同样的话也可以用于其他奇迹。根据前面的原理，它们必须被看成是欺骗或者想象中的幻觉。对此，我答复说：手杖变成了真实的蛇，水变成了真实的酒，这并不是欺骗或幻觉，参看一下第 34、35 节，就明白了。但是，**真实的**和**虚构的**东西，已经明白、充分地解释过了，已经一再提示过了，关于它的一些难题根据前面所说也很容易回答，因此在这里再予以重新解释，那简直是对读者的理解力的侮辱。我只想说，如果当时在座的所有人都看到、嗅到、尝到、喝到酒，感觉到酒的效力，那我绝不能怀疑酒的真实性。所以，归根到底，关于真实的奇迹，按照我们的原理是没有疑问的，只有按照通常接受的原理，才疑点重重。因此，这些疑虑不是**反对**而是**赞成**了我们所说的东西。

61

---

① 参见《圣经》"出埃及记"第 4 章第 2、3 节：耶和华对摩西说："你手里是什么？"他说："是杖。"耶和华说："丢在地上。"他一丢下去，就变作蛇，摩西便跑开。——译者
② 参见《圣经》"约翰福音"第 2 章第 1—11 节。——译者

85. 在前面，我力求明白地提出别人的责难，表明了它们的力量和重要性。现在，既然对这些责难我都予以了反驳，接下来我们就可以考察一下我们的原理会产生什么结果。有些结果一看就显现出来，比如那些被大量思考的困难的、晦涩的问题，已经完全从哲学中驱逐出去了。有形的实体能否思想？物质是否是无限可分的？物质是怎样作用于精神的？古往今来，这些问题和类似的研究给哲学家们带来了无限的乐趣。但是，这些研究既然都依赖**物质**的存在，那么根据我们的原理它们就不再有任何地位了。在**宗教**和**科学**方面，我们的原理还有其他益处，这是任何人根据前面所说的东西都可以推出来的。这一点在下文中将更明白地展现出来。

86. 根据我们主张的原理，可以得出结论：人类的知识可以自然地归结为两种，即**观念**的知识和**精神**的知识。对这两种知识，我将依次论述。首先，就观念或无思想的事物而言，我们关于它们的知识是非常模糊、混淆不清的。由于我们假设感官的对象有两重存在——一重是**可理解的**或者在心中的，另一重是**真实的**和在心外存在的，人们就认为无思想的事物具有它们自己的自然存在，而与被精神感知的存在者不同，这样我们就被引入危险的错误中。如果我没有弄错的话，我已经指出过这是最无根据、最荒谬的观点，它是**怀疑论**的真实根源。因为，只要人们认为，真实事物存在于心外，并认为他们的知识只有在符合**真实事物**时才是**真实的**，那就可以得出结论：他们不能确定他们有任何真实的知识。

62

因为，怎么可能知道，被感知的事物符合不被感知的或心外存在的事物呢？

87. 如果认为颜色、形状、运动、广延等只是心中的一些**感觉**，则它们是完全为人知道的，其中不存在不可感知的东西。但是，如果它们被认为是记号或影像，与心外存在的**事物**或**原型**有关，那我们就陷入了**怀疑论**。因为我们看到的只是显象，不是事物的真实性质。一事物的广延、形状或运动可能是真实的、绝对的、在自身中存在的，但我们不可能知道，我们只知道它们和我们感官的比例或关系。事物仍然是同样的事物，但我们的观念变化了；这些观念中的一种观念，甚至任何一种观念，是否再现了该事物中实际存在的真实性质，那超出了我们能确定的范围。如果这样，那我们根本不知道，我们看到、听到、触摸到的一切，可能只是错觉和徒劳的幻想，可能完全不符合按物性存在的真实事物。这就是怀疑论从我们假设的**事物**与**观念**之间的区别（前者在心外存在，或不被感知而存在）得出的所有结论。我们本来很容易在这个论题上做详细论述，表明所有时代的怀疑论者提出的论证，都依赖外部对象的假设。

88. 一旦我们认为，无思想的事物是同它们的被感知分开的、是真实存在的，那我们不但不能明白知道任何真实的、无思想的事物的本性，甚至不知道它的存在。因此，我们看到有些哲学家怀疑自己的感官，怀疑天地的存在，怀疑他们看到或感觉到的一切事物甚至自己的身体的存在。在他们思考和经历了思想斗争之后，他们被迫承认，不可能获得关于可感事物存在的自明的或论证性的知识。但是，如果我们在语词上增加意义，不用**绝对**、**外部**、**存在**及类似的名词来取悦自己、表示我们不知道的东西，则这种迷惑、扰乱人心的怀疑，使哲学在世人眼中受嘲笑的怀疑，就会消失。我能够怀疑我通过感官实际感知到的事物的存在，我也能够怀疑自己的存在。既然无思想的事物的真实存在在于其**被感知**，那么，说任何可感对象应该直接被视觉或触觉所感知，而同时它们在自然中不存在，那是明显矛盾的。

89. 要建立一个健全的和真实的知识的牢固体系，把它作为证据来抵抗**怀疑论**的攻击，最重要的是，似乎应在一开始就清楚地解释**事物**、**真实性**、**存在**这些词的意思。因为，如果我们不明确那些词的意义，那我们关于事物的真实存在的争论，或自称对此有知识，都是白费工夫。**事物**或**存在者**，是所有名称中最大的通名，它包含了两种完全不同的、异质的东西，这两种东西中只有名称即**精神和观念**是共同的，此外没有共同的东西。前者是**能动的**、**不可分的实体**；后者是**无活动力的**、**短暂的**、**依赖性的存在者**，它们不能依靠自己而存在，而是受到心灵或精神实体的支撑，或存在于心灵或精神实体中。我们通过内部的感觉或反思理解我们自己的存在，通过理性理解其他精神的存在①。我们可以说，对

---

① 即使我们有理由相信其他人拥有的不是我们自己的观念，贝克莱的体系也只是克服了怀疑论，而不能证明其真实性。笛卡尔"邪恶的精灵"或普特南"缸中之脑"的受骗者，一直体验的是由邪恶的科

我们自己的心灵、对精神和能动的存在者有某种知识或观点，但是在严格的意义上我们对它们没有观念。同样，我们知道事物或观念之间的关系或有这些关系的观点，但这些关系不同于相关的观念或事物，我们无需感知到那些关系就能感知到观念。在我看来，观念、精神和关系，在各自的类别中正是人类知识的对象和交谈的主题，而**观念**一词的含义被不恰当地扩大了，被用来表示我们所知道的或对其有观点的任何事物。

90. 印在感官上的各种观念都是真实的事物或真实存在的，对此我们不否认；但是我们否认它们能够在感知它们的心外存在，否认它们是心外存在的原型的肖像，因为一个感觉或观念的存在本身就在于被感知，而一个观念只能与一个观念相似，不能与别的东西相似。此外，感官所感知的各种事物，就其来源来说，可以叫作**外部的**，因为它们不是在内部由人心自己产生的，而是由异于感知它们的人心的另一个精神①印在感官上的。同样，在另一种意义上也可以说，可感对象是在心外存在的，即它们存在于另一个心中。比如，我闭上眼睛的时候，我所看见的事物仍然存在，但一定是存在于另一个心中。

91. 如果认为这里所说的东西对事物的真实性有丝毫的减损，那是误解。根据公认的原理人们承认，广

64

学家提供的幻觉，他们能够确信他们自己的观念的存在，却不能证明自己是真实的、是交互主体的世界的一部分。——译者
① 指"上帝"。——译者

延、运动，一句话所有的可感性质，都需要一个支撑者，因为它们不能够自己存在。但是人们又承认，感官感知的对象，只是那些性质的组合物，因此不能自己存在。至此，这是人们一致同意的。因此，如果否认感官感知的各种事物独立于实体或它们存在于其中的支撑者而存在，那我们对关于它们的**真实性**的公认观点没有减损什么，在这一方面也没有犯标新立异的过错。与此不同的是，按照我们的观点，被感官感知的无思想的存在者，并没有异于被感知的存在，因此不能存在于任何别的实体中，只能存在于那些无广延的、不可分的实体或**精神**中，这些实体或精神能够行动、思想和感知它们。但是，哲学家们庸俗地认为，可感性质存在于一个无活动力的、有广延的、无感知的实体中，他们把它叫作**物质**，认为它是自然存在的，外在于所有的能思想的存在者，或者不同于被任何一个心灵（甚至创世者永恒的心灵）所感知的东西。在这里，他们只是假设有形实体的观念是上帝创造的：假如他们真的容许这些观念是被创造的话。

92. 我们已经表明，物质或有形实体的学说，一直是**怀疑论**的主要支柱和支撑者，同样我们还要说，各种邪恶的**无神论**和反宗教的体系① 都是建立在同一基础上的。不但如此，设想物质从虚无中产生，那被认为是非

---

① Scheme，有"系统、体制"，"计划、设计"，"阴谋、诡计"等含义，贝克莱用这个词怀有明显的宗教感情，即在贬义上使用它。中文的"体系"一词不能表达出这种感情。——译者

常困难的；古代最著名的哲学家，甚至主张存在上帝的
哲学家，也认为物质不是被创造出来的，而是与上帝永
远共存的^①。在所有时代，物质实体都是**无神论者**的莫
逆之友，这是无须赘述的。他们所有的丑陋体系都是如
此明显地、必然地依赖它；一旦移走这块基石，整个结
构必然垮台。因此，我们就不再花时间单独考察**无神论
者**的各种卑鄙派别的荒谬观点了。

93.有些不虔诚、亵渎神的人，乐于嘲笑非物质的实
体，而赞同那些有利于他们的倾向的体系。他们假设灵
魂是可分的、像肉体一样易于腐烂；认为事物在形成过
程中排除了所有的自由、智力和设计，相反使自存的、
鲁钝的、无思想的实体成为所有存在者的根和来源。他
们爱听那些人的说法：那些人否认天意，否认至上心灵
对世间事务的监视，而把整个系列的事件归于盲目的偶
然或命运的必然，且认为偶然和必然来自一个物体对另
一个物体的推动。所有这些都是很自然的。但是另一方
面，当那些拥有良好原理的人们观察到，宗教的敌人非
常重视**无思想的物质**，而且他们都费尽心思、耍尽手段
把万物归于它时，我认为，他们应该高兴地看到他们的
敌人被剥夺了最重要的支撑者，从唯一的堡垒中被驱逐

---

① 物质的永恒性是古希腊人中最通常的观点，因为他们发现从无中创
造的观点是不能理解的。例如，亚里士多德在《论天》第二卷第一
章说："整个天既不生成，也不可被消灭，而是像有些人所说的那
样，是单一和永恒的，它的整个时期既无开端也无终结，在自身中
包含着无限的时间。"（《亚里士多德全集》第二卷283^{b26}，徐开来译，
中国人民大学出版社 1991 年版）贝克莱显然不赞成这样的学说，因
为这否定了上帝的唯一性和至尊地位。——译者

出来了：没有这个堡垒，你们这些伊壁鸠鲁主义者、霍布斯主义者及类似学派的信徒，甚至连借口的隐蔽处都没有了，而变成了世上最廉价、最易得的战利品了。

94. 物质或不被感知的物体的存在，不但是**无神论者**和**宿命论者**的主要支柱，而且各式各样的**偶像崇拜**也是依靠这同一原则的。人们如果考虑到日、月、星辰和感官的每一个其他对象，都只是他们心中的一些感觉，它们没有其他存在、只能被感知而存在，那么毫无疑问，他们绝不会俯下身来崇拜他们自己的**观念**，而是对那个产生和保持了万物的永恒的、不可见的精神表达敬意。

95. 这同一个荒谬的原则，在和我们信仰的条文混合起来后，给基督徒带来了不小的困难。例如，关于**耶稣复活**，索齐尼教徒①和其他人不是提出了许多疑虑和责难吗？其中最貌似有理的责难不是依赖那个假设的吗？他们不是假设，一个物体被叫作同一个物体，不涉及它的形式或被感官感知的东西，而只涉及在多种形式

① Socinians，索齐尼教徒，早期的神位一体论者。Socinianism，索齐尼教，由意大利人 Lelio Sozzini 和其侄子 Fausti Sozzini（1539—1604）创立。"索齐尼教"又称"索齐尼神学运动"，是在索齐尼领导下，16 世纪中叶起源于意大利并在波兰进一步发展的理性主义学说和反基督教神学"三位一体"说的神学运动。索齐尼教否定"三位一体"的信条，否定基督的神性、魔鬼的人格、人天生的完全堕落、耶稣的替罪、圣餐的效力，以及未来惩罚的永劫，主张基督乃是圣母玛利亚奇迹般怀胎而生的人，圣灵乃是上帝行使的权力与影响，人罪乃是原罪的模仿，灵魂拯救乃是靠仿效基督的德性而获得，而《圣经》应该由人的理性来解释且应与人的理性一致。——译者

下保持其同一性的物质实体吗？关于物体的同一性的所有争论是，用**物体**所指的东西是否就是每个平凡的普通人用这个词所指的东西，即直接被看到和触摸到的东西、只是可感性质或观念组合的东西。在去掉这个**物质实体**之后，他们的最难回答的责难就完全不成立了。

96. 物质一旦被逐出自然界，那些怀疑论的观点和不虔诚的观点，无数的争论和迷惑人的问题，就会随之被牵连、逐渐终止。那些观点和问题，在神学方面和哲学家中，都是经常的烦恼之因，使人类耗费了巨大的无结果的劳动。即使发现我们提出的反驳物质的论证不等于证明①（在我看来它们显然是证明），可是我确信，凡与知识、和平、宗教为友的人们，有理由希望那些论证成为证明。

97. 除了知觉对象的外部存在，就完备的知识来说，错误和困难的另一个巨大来源就是**抽象观念**的学说，这在"导论"中已经陈述过了。世上那些最明显的事物，那些我们最熟悉、完全知晓的事物，当以抽象的方式来考虑时，就显得异常困难和不可理解。时间、地点和运动，若看作特殊的或具体的，那是每个人都知道的；但是，一经过形而上学家之手，它们就变得非常抽象、非常微妙，难以被具有常识的人理解。如果您吩咐您的

---

① 论证（argument）指的是，讨论中所给出的赞成或反对的理由、陈述或事实；证明（demonstration）指的是，由推理、事实和证据、经验、操作或反复的事例证实的东西。前者不及后者可信，故贝克莱有此说。——译者

仆人在某一**时间**、某一**地点**①与您会面，他绝不会停下来仔细思考那些词的意思；在设想那个特殊的时间或地点，或他借以到达那里的移动②时，他不会发现有丝毫困难。但是，如果排除了所有那些能区分一天的特殊的活动和观念，只把时间看成是抽象的存在的连续或绵延，那么即使是一个哲学家在理解它时也会感到困惑。

98. 每当我试图形成一个简单的、从我心中观念的连续——观念的连续均匀流动、为所有存在者所参与——中抽象出来的**时间**观念时，我就迷失了，陷入无法摆脱的困境中。我对时间根本没有概念，而只是听人说它是无限可分的，但这种说法使我对自己的存在产生了古怪的想法：那种学说使人绝对必然地想到，或者自己毫无思想地度过了无数时代，或者他在自己一生的每时每刻都被消灭着，但这两种说法似乎都是荒谬的。因此，时间决不是从我们心中的观念的连续中抽象出来的东西。由此可以得出：任何有限精神的绵延，必须由同一精神或心灵中的相互继起的大量观念和行为来评估。所以，明显的结论是，灵魂总是在思想的。事实上，任何人想在自己的思想中，把精神的**存在**与其**思想**分离开，或从**思想**中抽象出精神的**存在**，我认为这是一项并不容易完成的任务。

99. 同样，当我试图从所有性质中抽象出广延和运动，考察它们自身的时候，我立刻就看不见它们，并陷

---

① place 既有"地点"之意，也有"空间"之意。——译者
② motion 既有"移动"之意，也有"运动"之意。——译者

人很荒谬的境地。所有这些都依赖双重的抽象：第一，例如，广延被认为可以从所有可感性质中抽象出来；第二，广延的存在体可以从它的被感知中抽象出来。但是，不论何人只要反思一下，专心地理解自己所说的东西，如果我没有弄错的话，他就会承认，所有的可感性质都是**感觉**，都是**真实的**，即：哪里有广延，哪里就有颜色，即是在他心中存在的；而它们的原型只能存在于某一个别的**心灵**中，感官的对象只是组合起来的、混合而成的或（如果可以这样说的话）凝结在一起的感觉，其中的任何一个感觉都不能被设想为不被感知而存在。

100.每个人都可能认为自己知道，对人来说什么东西是使人感到幸福的，或什么东西是善的对象①。但是，如果同所有特殊的幸福分开以形成一个抽象的**幸福**的观念，或者同每一件善的事情分开以形成一个抽象的**善**的观念，这是几乎没有人自称能做到的。同样，一个人没有精确的**正义**和**美德**的观念，他也可能是正义的和有美德的。认为那些和类似的文字代表了从所有特殊的个人和行为中抽象出来的一般概念，这种观点似乎使道德学难以理解，由此道德研究对人类来说几乎无用。实际上，**抽象**学说在损坏知识中最有用的部分的过程中贡献不小。

68

---

① 本节的论证是这样的：如果不存在抽象观念，那就没有必要进行概念分析。我们应注意到，这里给出的"幸福"、"善"、"正义"和"美德"的例子是柏拉图试图定义的典型事物。也许柏拉图的"形式"或"相"就是抽象观念的范式。如果我们注意到怀特海说过，两千五百年的西方哲学只不过是柏拉图哲学的一系列注脚而已，那么可以说贝克莱对抽象观念的批判是对整个西方哲学传统的批判。——译者

101. 思辨科学有两大部门即**自然哲学**和**数学**，它们研究从感官得来的观念及其关系，对这两种科学我都将予以考察。首先，我对自然哲学发表点意见。在这个论题上，**怀疑论者**是胜利者。他们为了贬低我们的才能、使人类显得无知和低能，而提出的所有论证主要是从这个顶端得出的：即，对于事物的真正的、实在的本性我们处于无法克服的愚昧无知中。他们夸大这一点，并且喜欢加油添醋。他们说，我们不幸地受到了自己的感官的嘲弄，只是用事物的外表和外观来取乐。真正的本质、内在的性质、每一最平凡对象的构造，是藏于我们的视野之后的。在每一滴水、每一颗沙粒之后，都有某种东西超出了我们理智的领悟或理解的能力①。但是，根据已经说明的东西来看，这一类抱怨显然都是无根据的；我们是受了虚假原理的影响，才不相信我们的感官的，才认为我们不知道那些我们实际上完全理解的东西。

102. 我们宣称自己不知道事物的本性的最大诱因之一是这样一种流行观点：每一事物都在自身包含了它的性质的原因，或每一对象中都存在一个内部本质，它是源泉，该事物的可识别的性质从这里流出来并依赖它。有些人妄图用隐秘性质来解释显象，但是最近这些性质

---

① 洛克在《人类理智论》第二卷第 23 章第 35 节认为，不但上帝的本质不可知，连一个鹅卵石、一只苍蝇或我们自己的真实本质也是不可知的。贝克莱在这里应当首先指的是洛克的观点，但又不限于洛克，而是泛指所有怀疑论者的观点。——译者

大都被归结为机械原因，即，不可感觉的粒子的形状、运动、重量和其他类似的性质①。然而事实上，除了**精神**之外并不存在其他的作用者或动力因；显然，运动以及所有其他的**观念**，是完全无活动力的(参见第25节)。因此，试图用形状、运动、大小和类似的东西来解释颜色或声音的产生，一定是白费劳动。所以，我们看到，这一类的企图是根本不能令人满意的。一般而言，凡是一个观念或性质被提出来作为另一个观念或性质的原因的那些例子，都可以这么说。根据我的这个学说，就会省去许多的**假设**和思辨，就会删除许多的自然研究，这是我无须赘述的。

103. 现在流行的最大的机械原理就是引力原理。有些人认为，石头落地，大海向月亮涨潮，就可以用此说予以充分解释。但是，当我们被告知这是由引力产生的时候，我们受到了怎样的启发呢？引力一词表示的是趋向的方式吗？是说那些显象是通过物体的相互拖拽，而不是相互推动或相互前冲来产生的吗？然而，这种方式或行为中没有一样是确定的，它可以叫作**引力**，真正说来也可以（我根本不知道）叫作**推力**或**冲力**。又如，我们看到钢的各部分是坚固地结合在一起的，这也可以用引力来解释。但是，在这个及其他例子中，我没有感知到除结果本身之外还表示了任何东西；因为对于产生这一结果的行为方式或产生它的原因，这些人知道的并不

69

①　参见洛克《人类理智论》第三卷第3章第15节。——译者

如他们想知道的那么多。

104. 实际上，如果我们观察几个显象并加以比较，我们就可以在它们之间看到某种相似性与一致性。例如，在石头落地、大海向月亮涨潮的例子中，在凝聚和结晶中，都存在类似的东西，即物体的联合或相互接近。所以，一个人如果精细地观察过、比较过自然界的结果，他就不会对这些或类似显象中的任何一个显象感到奇怪或吃惊。因为，不寻常的事物，独立存在的事物，以及脱离了我们日常观察过程的事物，才被认为是奇怪的。诸物体趋向地球的中心，不被认为是奇怪的，因为这是我们在生活中时刻感知到的。但是，说它们也有类似的趋向月球中心的吸引作用，那大多数人就可能认为是古怪的、无法解释的，因为那是只有在潮汐时才能识别的。然而，一个哲学家的思想能够注意到自然界的更大范围，他观察到了天上和地上显象的某种相似性，这些显象显示无数的物体有相互趋近的倾向，他就用通名**引力**来代表这种倾向，任何东西只要能归结到它，他认为就得到了合理的解释。因此，他用水与陆地合成的地球向月球的引力来解释潮汐，他不认为这是古怪的、反常的，而认为只是一般的自然规则或规律的一个特例。

105. 因此，如果就人类的现象知识，考虑到自然哲学家和其他人的区别，我们会发现，这种区别不在于自然哲学家对产生现象的动力因有更精确的知识——因为动力因只能是一个**精神的意志**，而只在于他们理解的范围更大，由此发现了自然作品中的相似、和谐与一致，以此来解释各种特殊的结果，即把它们归结为一般法则（参见第62节）。一般法则是以在自然结果的产生中所观察到的类比关系和齐一性为基础的，这些法则是最令人愉快的并为人心所追求的。因为它们扩展了我们的视野，使我们超越了当下的、挨近我们的东西，使我们对在很长的时间内、很远的地方可能发生的事情能作出完全可靠的推测，并预言事情会发生；这种趋向全知的企图是人心尤其喜爱的。

106. 但是，在这一类事情上，我们应该谨慎处理。因为我们容易过于看重类比关系，容易损害真理，容易迁就心灵的急性：急于把心灵的知识扩展为一般定理。例如，引力或相互吸引，因为它表现在许多事例中，有些人就立刻宣称它是**普遍的**①，说**吸引和被任何其他物体吸引，是所有物体固有的一种根本性质**。但是，诸恒星似乎没有这种相互靠近的趋向，而且引力决不是物体的**本质**，在一些例子中表现的似乎是完全相反的原理，比如在植物的垂直生长中、在空气的伸缩中就是如此。在这样的事例中，不存在必需的或本质的东西，而是完全依赖**统治精神**的意志的：他按照各种规律使某些物体固守在一起或相互趋向，又使其他物体保持在一个固定

71

---

① 在这一节和下一节，贝克莱不仅拒绝对科学做实在论的解释，而且怀疑无例外的科学规律的存在，甚至在操作的意义上也是如此。贝克莱的科学哲学中的"反动"方面在《西利斯》中得到详细发挥。——译者

距离；如果看起来方便，他也会给某些物体一种相反的即急速散开的趋向。

107. 根据已经论述的观点，我们可以得出如下结论。第一，当哲学家们离开**心灵**或**精神**来探求自然的动力因时，那显然只是白费力气的自娱自乐。第二，鉴于整个创造是一个**明智的、善良的作用者**的技艺，这似乎就适合哲学家去思考（与某些人主张的相反）事物的终极因。我必须承认，我并没有理由说，指出自然事物所适应的各种目的，为了这些目的自然事物最初才被不可言说的智慧设计出来：这不应被认为是解释自然事物的一种好方法，完全值得哲学家去采用。第三，从前面所论述的来看，没有理由说，为什么自然史不应该继续研究，为什么各种观察和实验不应该继续进行：这些观察和实验用于人类，使我们能够得出一般结论，那不是事物本身的不可改变的本质特征或事物间的关系的结果，而只是上帝在管理时对人类的善意和仁慈的结果（参见第30、31节）。第四，在辛勤地观察了我们视野内的现象之后，我们可以发现一般的自然律，并根据这些规律推演出其他现象；我不说**证明**，因为这一类的所有推演都依赖这个假设：**自然的作者**的行动总是相同的，是永远遵守我们视为原理的那些规则的。对此，我们不可能明白地知道。

108. 当人们①根据现象形成一般规则，随后再根据

---

① 这一节在 A 版中是这样开头的："从第66节及其他节显然可看出，自然中稳定的、一致的方法不可能恰当地叫作自然的作者的语言，

这些规则推演出现象时，他们考虑的似乎是符号而不是原因。一个人可能很清楚地理解自然符号，而不知道它们的类比关系，或不能说出根据哪一种规则一事物是如此这般。如果拘泥于一般的语法规则，就很可能不能正确地写作。所以，在根据一般的自然法则进行辩论时，我们很可能把这种类比关系扩展得太远，由此陷入错误。

72

109. 聪明人在读别的书时，会选择把他的思想固定在含义上并使用之，而不是去评论那种语言的语法。所以，在细读自然这卷大书时，如果爱好准确性，把每个特殊现象归结到一般规则，或者表明怎样从一般规则推演出该现象，那似乎就有失心灵的尊严了。我们应当有高尚的见解，例如，安慰和提升心灵，使其看到美丽、秩序、范围和各种自然事物；通过恰当的推理，扩大我们对创造者的伟大、智慧和仁慈的观点。最后，要在我们能力所及的范围内，使宇宙的各部分适合为它们设计的目的，赞美上帝，使我们自己及同胞能够存在、感到舒适。

110. 对于前述的类比关系或自然科学，人们都会承认一部著名的**力学**论著是最好的钥匙。在这部应得赞赏的论著的开头①，时间、空间和运动被区分为**绝对的**和

他不是借助这些方法向我们的视力揭示他的属性，引导我们怎样为了生活的便利和幸福而行动。在我看来，当人们……"——译者

① "对于前述的……论著的开头"，A 版是这样的："我们谈论的这种最好的基本原理，容易被承认是一部力学论著……我不想对那位杰出人物的表现进行评论，而只想评论他提出的某些东西。由于他提

相对的，真实的和表面的，数学的和通俗的。 根据作者大致的解释，这种区分的确假设了那些量是在心外存在的，它们通常被设想为与可感事物有关，然而它们在本性上与可感事物毫无关系。

111. 关于**时间**，在绝对的或抽象的意义上，它被认为是事物存在的绵延或持存，在第97、98节我就这个主题已经说过了，不想再补充什么。对于其他的，这位著名的作者认为，存在**绝对空间**，它是感官不能感知的，但它在自身是相似的、不动的；而相对空间是绝对空间的量度，是可动的；就可感物体而言，其相对空间由其位置来规定，通常它被认为是不动的空间。他把**地点**定义为被一物体占据的空间部分。按照空间是绝对的或相对的划分，地点也被分成绝对的或相对的。据说，

出的东西与我们迄今主张的学说是直接对立的，以致我们缺乏对这位大人物的权威性的尊重，没有注意到他提出的东西。在那部应得赞赏的论著的开头……"这里说的"论著"指牛顿的著作《自然哲学的数学原理》(*Philosophiae Naturalis Principia Mathematica*)。此书第一版印刷于1686年7月5日，1687年出版发行，是牛顿的代表作。关于时间，牛顿写道："绝对的、真正的和数学的时间自身在流逝着，而且由于其本性而在均匀地、与任何外界事物无关地流逝着，它又可名为'期间'；相对的、表观的和通常的时间，是期间的一种可感觉的、外部的或者是精确的，或者是变化着的量度，人们通常就用这种量度，如小时、日、月、年来代表真正的时间。"关于空间，牛顿写道："绝对空间，就其本性而言，是与外界任何事物无关而永远是相同的和不动的。相对空间是绝对空间的某一可动部分或其量度，是通过它对其他物体的位置而为我们的感觉所指示出来的，并且通常是把它当作不动的空间的。"关于运动，牛顿写道："绝对运动是一个物体从某一绝对的处所向另一绝对处所的移动。""真正的、绝对的静止，是指这一物体在不动的空间的同一个部分继续保持不动。"这就是牛顿的绝对时空观和绝对运动、绝对静止的观点。——译者

绝对运动是一个物体从绝对地点到绝对地点的转移，而相对运动是一个物体从一个相对地点到另一个相对地点的转移。因为绝对空间的部分，没有进入我们的感官，我们就不得不用它们的可感的量度来代替它们，这样来规定我们认为是不动的物体的地点和运动。但是，该书说，在哲学的事情上我们必须摆脱感官，因为很可能，那些看起来是静止的物体没有一个是真正静止的；而处于相对运动中的同一事物，实际上可能是静止的。同样，一个物体和同一物体按其地点的不同规定，可能同时处于相对的静止和运动中，甚至同时带着相反的相对运动在运动。所有这些含糊的意义只能在表面的运动中找到，在真正的或绝对的运动中决不可能找到，因此只应在哲学中考虑绝对运动。还有，我们被告知说，真正的运动须根据下面的性质同表面的或相对的运动区分开来。第一，在真正的或绝对的运动中，相对于整体占有同一位置的所有部分，分享了整体的运动。第二，地点被移动了，位于其中的物体也要被移动。所以，一个在运动的地点中移动的物体，确实参与了它的地点的运动。第三，真正的运动只能由传递到物体本身的力产生或改变。第四，真正的运动总是被传递到运动物体的力改变。第五，在纯粹相对的圆形运动中，不存在离心力，但是在真正的或绝对的运动中，离心力是和运动的量成比例的。

112. 虽然该书说了这么一些东西，我却不认为，可能存在任何不是**相对**运动的运动；要设想运动，至少必须有两个被设想的物体，其相互的距离或位置是变化的。因此，如果只有一个物体存在，它就不可能运动。这是很明显的，因为我具有的运动观念必定包含了关系。

113.尽管在每一运动中必须设想两个以上的物体，但是很可能只有一个在运动，即在它之上传递了一个引起距离变化的力；换言之，力的行为用在它之上。有些人可能给相对运动下定义，说那物体是**运动的**，是因为它改变了它与别的物体的距离，而不论引起哪种变化的力或行为是否被运用于它。但是，既然相对运动是感官感知的运动，而且是日常生活的事务中所常见的，那凡有常识的人连同最深奥的哲学家似乎都知道它是什么。那么，我随便问一个人，按照他对运动的感觉，当他沿大街行走的时候，是否可以说，他所路过的那些石头，因为改变了与他的脚的距离，就在**运动**呢？在我看来，虽然运动包括了一物与另一物的关系，却不必说关系中的每一项都要用运动来命名。就如一个人能够想到不能思想的某种东西一样，一个物体也可以朝向另一个物体运动，或其运动来自另一个物体，而这另一个物体自身并不因此就是运动的。

114.当地点被不同地规定时，与地点相关的运动也要改变。船上的一个人，相对于船的边沿而言可以说是静止的，但相对于陆地而言他又在运动。或者，在此一方面他可以向东运动，而在彼一方面他向西运动。在生活的日常事务中，人们规定一物体的地点时决不可能超出地球：就地球而言是静止的东西，那就**绝对地**被解释成静止的。但是，哲学家思路广阔，对事物的系统有更合理的观点，他们甚至发现地球本身是被推动的。因此，为了确定他们的观点，他们似乎把有形世界看成是有限的，最稳固的围墙或壳套是其地点，他们借此来估计真正的运动。如果我们试探一下自己的概念，我相信就可以发现，我们能对其形成观念的绝对运动，归根到底只是这样来规定的相对运动。因为，前面已经说过，排除了一切外部关系的绝对运动是不可理解的；如果我没有弄错的话，可以发现，上面提到的归于绝对运动的所有性质、原因和结果，都是与这种相对运动相符的。至于就离心力所说的话，即离心力完全不属于圆形的相对运动，我看不到怎么能从那个被用来证明它的实验①中得出这个结论(参见《自然哲学的数学原理》"定义"8)。因为容器中的水，在被说成是有最大的相对的圆形运动时，我根本不认为有运动，从上一节来看这是很明显的。

75

115. 因为说一个物体是**被推动的**，第一，它必须改变相对于别的物体的距离或位置；第二，引起那种改变

---

① 即牛顿的"水桶实验"：如果用长绳吊一水桶，让它旋转至绳扭紧，然后将水注入，水与桶都暂时处于静止中。再以另一力突然使桶沿反方向旋转，当绳子完全放松时，桶的旋转运动还会维持一段时间；水的表面起初是平的，和桶开始旋转时一样。但是后来，当桶逐渐把运动传递给水时，水也开始旋转。于是可以看到，水渐渐地脱离其中心而沿桶壁上升形成凹状。运动越快，水升得越高。直到最后，水与桶的转速达到一致，水面即呈相对静止状态。牛顿用"水桶实验"来证明有"绝对空间"。——译者

的力或行为必须要作用于它。如果缺少其中任何一个条件，而说一个物体能够运动，那我认为，这就与人类的判断或语言的规则不一致了。实际上，我同意说，我们能够想到一个我们见其改变了与他物距离的物体，尽管没有力加于它，它也可以说是被推动的（在此意义上可能有表面的运动）。之所以这样说，是因为我们想象，引起距离变化的力被加于或传递到那个被认为能运动的物体，但是事实上，这表明我们可能把不在运动中的事物误认为是在运动的。这就是我想说的。

116. 根据所说的东西来看，对运动的哲学考察并不意味着**绝对空间**的存在，即不存在与感官感知的、与物体相关的空间不同的空间，这样的空间不可能在心外存在；这一点根据我们证明所有其他感官对象的类似性质所用的同一原理，可以看得很清楚。如果我们仔细探究，或许会发现，我们甚至不能形成一个排除了所有物体的**纯粹空间**的观念。我必须承认这似乎是不可能的，因为它是一个最抽象的观念。当我使自己身体的某一部分产生运动时，如果那种运动是不受阻碍的或没有阻力的，我就说存在**空间**；但是如果我发现有阻力，那我就说存在**物体**。与运动受到的阻力或小或大成正比，我就说那**空间**是较**纯粹的**或不大**纯粹的**。所以，当我说到纯粹的或空的空间时，人们不能认为，**空间**一词代表了一个与物体和运动分开的，或没有物体和运动还能想象的观念。虽然我们容易认为每个名词都代表一个独立的观念，它可以与所有其他观念分开，但这引起了无数多的错误。因此，假定除了我自己身体之外的整个世界被消灭之后，我说仍然存在**纯粹空间**，那意思只是说，我设想我的身体的肢体能够到处移动，而不会遇到阻力。但是，如果我的身体也被消灭了，那就不可能有运动，因此不可能有空间。有些人可能认为，视觉给他们提供了纯粹空间的观念，但是根据我们在其他地方表明的东西来看，空间观念和距离观念显然不是通过那个感官获得的（参见《视觉新论》）。

117. 关于**纯粹空间**的本性，在学者中间出现了所有这些争论和困难，而这里主张的观点似乎可以使其终结。从我们的观点中产生的主要优点是，我们避免了危险的**二难推理**。有些人在思考这个题目时，会想象自己陷入两难①：或者认为真实的空间就是上帝，或者认为在上帝之外还存在某种永恒的、非被创造的、无限的、不可分的、不变的东西。这两种观点都可以正当地被认为是险恶的、荒谬的。有些知名的神学家和哲学家，因为难于设想空间的界限或毁灭，而断言空间一定是**神圣的**。近来有些人还特别指出，上帝的不能传达的属性与空间是一致的。这样的学说是对神圣本性的污蔑，然而只要我们固守被普遍接受的观点，就很难清除它。

118. 到目前为止，我们已经讨论了自然哲学，现在来考察思辨知识的另一个大的分支，即**数学**。这些数学知识之所以受到赞扬，是因为它们具有很难在别的领域

---

① 在《哲学评论》第 298 条贝克莱说：洛克、摩尔和拉福森（Raph-son）似乎使上帝变成有广延的。——译者

找到的证明的清晰性和确定性。尽管如此，如果在数学原理中潜伏了某种秘密的错误，而且那种错误是数学专家

77 和其余的人共有的，则不能假定它们是完全无错误的。虽然数学家从证据的最高点推演出他们的定理，但是他们的第一原理受限于数量的考虑。他们没有进一步研究那些影响了所有特殊科学的先验公理，因此特殊科学的每个部分都会分有包含在先验公理中的错误，数学也不例外。我们并不否认，数学家所建立的原理是真实的，而且他们根据原理进行演绎的方法是清楚的、无可争辩的。不过我们可以说，可能存在某些错误的公理，它们涉及的范围大于数学的对象，因此没有被明确地提到，而是在数学的全部进程中被默认了。那些秘密的、未曾考察的错误所产生的不良后果是遍布于数学的所有分支学科的。说得明白一点，我们猜想数学家及其他人，也陷入了由抽象的一般观念的学说、由对象存在于心外的观点所产生的错误中。

119. 人们认为，**算术**的对象是抽象的**数字**的观念。他们以为，理解这些数字观念的特性和相互关系，是思辨知识的重要部分。那些似乎爱好不寻常的精细和思想高度的哲学家，认为抽象数字在本性上是纯粹的、理智的，因而尊重那些数字。他们认为最无意义的数字思辨也是有价值的，但这些思辨实际上是无用的，只是用于取乐而已。有些人的心受到这种观点的极大影响，竟然梦想在数字中包含了强大的**神秘东西**，并试图用它们来解释自然事物。但是，如果我们研究自己的思想，考虑到我们前面论述的，那我们可能会看低那些想入非

非和抽象，把所有关于数字的研究只看成是难办的琐碎之事①，因为它们无助于实践，不能给生活提供什么好处。

120. 在第 13 节之前我们已经考察过抽象的单一体，从第 13 节和"导论"所说的东西中可以明显得出，根本不存在这样的观念。但是，既然数被定义为**单位的集合**，那我们可以断言：如果不存在抽象的单一体或单位这样的东西，那就不存在用数的名称和数字来表示抽象的数的观念。因此，算术中的理论，如果从数的名称和数字中抽象出来，从使用和实践中抽象出来，从特殊的被记数的事物中抽象出来，就不能说它们有自己的对象。所以，我们可以看到，数的科学是完全从属于实践的，当它被认为是纯粹思辨的事情时，它就变成了非常空洞的、毫无价值的东西。

121. 然而，有些人被发现了抽象真理的似是而非的表象所欺骗，把时间浪费在那些无用的算术定理和问题上，如果我们充分考察和揭露这种伪装的无价值性，那不是多余的。如果我们考察算术的初期，观察最初是什么东西使人们去研究那门科学，在何种范围内他们指向它，那么这一点就更加明白地展现出来。首先，人们自然会想到，为了方便记忆和有助于计算，会使用一些计数的东西，或者在写算中使用单一的笔画、点或类似的东西——其中的每一个都表示一个单位，即他们需要计算的任何一种东西中的一

78

①　*difficiles nugae*，拉丁语：困难的琐事。——译者

个。后来，他们找到了一些更简便的方法，用一个字符代替几个笔画或几个点。最后，开始使用阿拉伯或印度的符号，只需重复少量的字符或数字，并且根据每个数字获得的位置而改变其含义①，这样所有的数目都容易表达了②。这种方法似乎是模仿语言而来的。所以，在数字的记法和名称的记法之间可以观察到非常相似的东西。与九个最初的数目名称和位置对应的九个简单数字③，是与这九个数目和位置的命名相符的。此外，人们根据数字的简单值和位置的值④的情况，能够设法从给予的部分数字或记号中，找出什么数字和位于何处适合用来表示全体，反之亦然⑤。在找到所求的数字之后，如果始终遵守同一规则或比率，那就容易把数字读成语词⑥，数目就变成完全可知的了。因为，人们

79

---

① "根据每个数字获得的位置而改变其含义"：比如 369 中，9 在个位表示"九"，6 在十位表示"六十"，3 在百位表示"三百"。贝克莱这里提到的阿拉伯数字，是现今国际通用数字。最初由印度人发明，后由阿拉伯人传向欧洲，之后再经欧洲人将其现代化。阿拉伯数字由 0，1，2，3，4，5，6，7，8，9 共 10 个计数符号组成。采取位值法，高位在左，低位在右，从左往右书写。——译者

② 即：我们用 1，2，3，4，5，6，7，8，9，0 十个自然数字符号，再加上数字的个位、十位、百位、千位、万位、十万位等，就能表达任何自然数。——译者

③ 即 1，2，3，4，5，6，7，8，9，不包括 0。贝克莱可能认为，0 不能单独计数。——译者

④ "数字的简单值和位置的值"：比如在 1995 中，"1"的简单值是 1，其位置的值是千位；"5"的简单值是 5，位置的值是个位。——译者

⑤ 比如，给出万位 9、百位 3、个位 5 几个数字（部分），就能得出 90305 这个全体。反之，从 90305 中，我们就知道 9 在万位，3 在百位，5 在个位，0 在千位和十位。——译者

⑥ 比如，将"2003"读成"两千零三"。——译者

之所以说知道任何特殊事物的数目，是因为我们知道根据固定的比率属于它们的名称或数字（以及它们适当的排列）。我们知道这些记号之后，就能够通过算术运算，知道由它们表示的特殊总和中任一部分的记号。这样，通过计算记号，我们就能够正确地把我们想计算的事物本身进行合计、相除、使成比例等，因为在众多记号和不同的众多事物（每一事物被认为是一个单位）之间确立了联系。

122. 因此，在**算术**中我们处理的不是**事物**而是**符号**，但这不是为了符号本身，而是因为符号引导我们在涉及事物时怎样行动，怎样正确地处理事物。与我们在前面总论文字（参见"导论"第 19 节）时评述的东西一致，在这里抽象观念也恰好被认为是由数目名称或字符来表示的，但它们并不使我们的心灵想到特殊事物的观念。我现在不想更详细地讨论这个题目，而只想说，根据已经说过的东西，很显然，被当作有关数的抽象真理和定理的那些东西，实际上不是与特殊的可数事物分开的对象的知识，而只是关于名称和字符的知识。最初考虑这些名称和字符，不是基于其他理由，而只是因为它们是**符号**，或能够恰当地表示人们需要计算的特殊事物。因此，可以断言，为了这些符号本身来研究符号①，正像为了好的目的一样聪明，这就像一个人忽

----

① 数自身是否必须被看作独立的存在体（柏拉图主义关于数字的看法）的问题，在当今仍然是一个问题。那些职业数学家常常是柏拉图主义者，罗素和哥德尔就是显著的例子。贝克莱的立场似乎是极

略了语言的真正用途或原有目的，而花费时间对文字提出一些不中肯的批评，或进行一些纯粹字面上的推理和争论。

123. 讨论过数目，我们再来说**广延**，它被认为是相对的，是几何学的对象。**有限广延的无限可分性**，虽然在几何学的基本原理中没有明白地确立为公理或定理，可是在所有的几何学原理中都假设和被认为，这一原理与几何学的众多原理和证明有不可分割的、本质的联系，数学家们从不怀疑它或提出过丝毫问题。这个观点是源头，由此产生了所有那些令人好玩的几何学悖论，这些悖论与人类明白的常识是直接矛盾的，任何一个没有被学问引入歧路的心灵都不情愿接受它们。这个观点还是造成所有精细、微妙的主要原因，它使**数学**研究变得非常困难、令人生厌。因此，如果我们能够使人明白，有限的广延不能包含无限的部分，或不是无限可分的，则我们可以立即从几何学中清除一直被认为是玷污了人类理性的大量困难和矛盾，而且使这一成就变成不那么花费时间和辛苦（与传统相比）的事业。

124. 可以作为我们思想的对象的每个特殊有限的广延，都是只能存在于心中的**观念**，因此其每一部分必须被感知。如果我在所考虑的任何有限广延中不能感知到无数的部分，那它们肯定就没有包含其中。但是很显然，我不可能在我通过感官感知或心里想到的任何特殊的线、面

端唯名论的，他把数变成可数的东西或数字符号，把数归到集，例如"五"代表任何一组的五个东西。——译者

或体中区分无数的部分，因此我的结论是，它们没有包含在其中。对我来说最清楚的是，我看见的广延只是我自己的观念；同样清楚的是，我不能把我自己的任何一个观念，分解成无数别的观念，就是说，它们不是无限可分的。如果用**有限广延**指的是不同于有限观念的某种东西，那我宣布我不知道那是什么，所以不能确定或否认它的任何东西。但是，**广延**、**部分**等名词如果在任何可设想的意义上被看作是观念，那么说有限的数量或广延是由数目上无限的部分组成的，就是明显的矛盾，任何人一看便知。任何一个有理性的生物都不可能同意这个说法，只是在他被温和地、慢慢地说服之后才可能同意，就像一个改换信仰的基督徒相信**变体论**①那样。过去的根深蒂固的成见往往变成了原理，那些曾经获得了一个**原理**所具有的力量和信誉的命题，不但它们自己而且从它们中推演出来的任何东西，都被认为是免于检验的。照这样，人心对任何恶劣、荒谬的东西都应准备接受了。

81

125. 一个人的理智如果被抽象的一般观念的学说所占据，则他会相信，（不论感觉观念被认为是怎样的）**抽象的**广延是无限可分的。一个人如果认为感官的对象是存在于心外的，则他可能由此相信，一条只有一英寸长的线可能包含了实际存在的无数部分，尽管它小得无

---

① 变体论（Transubstantiation），基督教神学圣事论学说之一。耶稣在最后的晚餐上对祝圣的饼和酒曾说："这是我的身体"，"这是我的血"。以后教会在做弥撒时由主礼的神父照此述说。按照天主教的传统观点，此时饼和酒的质体转变为耶稣的肉和血，原来的饼和酒只剩下五官所能感觉到的外形。——译者

法识别。这些错误根植在**几何学家**和其他人的心中，对他们的推理产生了类似的影响。我们不难指出，利用几何学的证明来支持广延的无限可分性，是建立在这些错误之上的。但是，我们现在只想一般地考察，数学家们为何全都要坚持并喜爱这个学说。

126. 我们在别处说过，几何学中的定理和证明是关于普遍观念的知识（参见"导论"第 15 节）。在那里已经解释过，应该在何种意义上理解这种说法，即图解中所含的特殊的线和图形，被认为是代表了无数别的不同尺寸的线和图形。换言之，几何学家是把它们从其体积中抽象出来考虑的，但这不意味着他形成了一个抽象观念，而只是他不关心特殊的体积之大小，认为它与证明无关。因此，在图解中只有一英寸长的线，必定被说成是包含了一万个部分似的，因为不是就它本身来考虑，而是它被当作普遍的线来考虑的。这条线，只是在它表示了无数的比自己更长的线的意义上，才是普遍的；因此，尽管它可能不及一英寸长，但在其中仍可以区分出一万个或更多的部分。按照这种方式，被表示的各条线的性质，借助一个很普通的图形转换成了符号；因此，和符号有关的性质就被误认为是符号本性中包含的东西了。

127. 由于一条线包含了数不胜数的部分，还可能包含更多，因此可以说一英寸长的线包含的部分超过任何可指定的数目；但这不适用于绝对自存的一英寸，而只适用于被这条线所表示的东西。然而，人们在思想中没

82

有保持这种区分，而是相信在纸上所画的小的特殊线段自身包含了无数部分。并不存在**一英寸**的万分之一部分这样的东西[①]，但是，**一英里**或**地球直径**的万分之一，可以用那一英寸来表示。因此，我如果在纸上画一个三角形，并且（例如）把长度不足一英寸的一条边作为地球的**半径**，则我可以把它看作是分成了一万或十万或更多的部分。因为，虽然那条线的万分之一部分就自身来考虑什么也不是，因此可以毫无错误或毫无不便地忽略它；但是，所画的这些线只是代表更大的数量的记号，这万分之一部分也许就是相当大的量，因此，在实践中为了防止明显的错误，就必须认为这个**半径**包含了一万个或更多的部分。

128. 由上所说，为了使几何定理在其应用上成为普遍的，我们必须谈到纸上所画的线，好像它们包含了自身实际上不包含的部分，这样做的理由是很明显的。在这样做的时候，如果我们彻底考察一下，就会发现我们不可能设想一英寸本身是由一千个部分构成的，或能被分成一千个部分，而只能设想别的比一英寸更长的线、被一英寸表示的线能被分成一千个部分。当我们说一条线是**无限可分**的时候，一定是指一条**无限长**的线。我们在这里所说的东西，似乎就是人们以为在几何学中必须假设有限广延的无限可分性的主要原因。

---

① 我国古代哲学家庄子在《庄子·天下篇》已经指出，"一尺之棰，日取其半，万世不竭。"这是富含辩证法思想的，是讲有限与无限的统一。贝克莱无法理解这种思辨的东西。——译者

129. 既然这个虚假的原理引发了许多荒谬和矛盾，人们会认为，它们就是反对这个原理的证据。但是我不知道，人们依据何种**逻辑**认为，后天的证据不能用来反驳有关无限性的命题。好像一个无限的心灵也能够调和矛盾；或者，好像任何荒谬的、令人厌恶的东西都能够与真理有必然联系，或来自真理。但是不论何人，只要考察这种妄言的虚弱，就会认为，它是被故意设计来迁就人心的懒惰的：人心宁愿默认懒惰的怀疑论，也不愿意劳心费力地严格考察这种妄言曾经认为是真的那些原理。

130. 近来，关于无限的思辨风行开来，产生了许多很奇怪的观点，在当代几何学家中引发了很多顾虑和争辩。有些著名人士，不满足于说有限的线段可以分成无数的部分，还进而主张，那些无穷小量的每一个本身都可以再被分为无限的其他部分，或次一级的无穷小量，以致**无限**。这些人断言，存在无穷小量的无穷小量的无穷小量，没有终点。所以，按他们所言，一英寸中不只包含着无数的部分，而且包含着无数部分的无数部分的无数部分，直至**无限**。另一些人则认为，无穷小量的第一层级以下的所有层级，就等于无。他们认为（这是有充分理由的），要想象广延的任何正量或部分，虽然它是无限增加的，但永远只能与给予的最小广延相等，那是荒谬的。然而另一方面，如果认为正数根的自乘、三次乘或其他次乘等于无，那似乎就是荒谬的；但是他们既然坚持第一层级的无穷小量，就等于否认了随后所有层级的无穷小量，所以他们不得不主张：正数根的自乘、三次乘或其他次乘等于无。

131. 因此，我们不是有理由断定，这**两派**都错了吗？不是可以说，事实上不存在像无限小的部分这样的东西，或在任何有限的量中并没有包含无数的部分吗？不过您会说，如果这一学说得以流行的话，那几何学的真正基础就会遭到破坏；那些把几何学提升到如此惊人高度的大人物，只是一直在建一座空中城堡。对此可以这样来回答：几何学中任何有用的、有益于人类生活的东西，按照我们的原理来说，仍然是稳固的、不可动摇的。从实践方面来考虑那门科学，那门科学只能从我们所说的东西中得到好处而不是偏见。但是，要使人们明白这一点，应当另立专题来研究。至于在别的方面，应当承认，**思辨数学**中的某些复杂、微妙的部分能够剔除，这对真理无害，我也看不出人类由此会得到什么害处。相反，正可以期待，那些能力强、用力勤的人可以使他们的思想离开那些娱乐的东西，致力于研究那些贴近人生关切的东西，或对生活方式有直接影响的东西。

132. 或者又有人说，人们通过一些方法发现，在毫无疑问是真实的某些定理中，利用了无穷小量，如果无穷小量的存在包含矛盾的话，那些定理就决不可能被发现。我回答说，在彻底考察之后将会看到，在任何例子中，我们都不会发现必须利用或设想有限线段的无穷微小部分，或甚至小于**最小可见量**的量，显然从来没有这

84

样做过，因为那是不可能的 ①。

133. 根据我们前面的论述，可以明白看出，非常多的和重大的错误都产生于本论前面部分所抨击的那些虚假原理。同时，那些错误原理的对立面显然是最有成效的原理，从中完全可以产生非常有益于真正的哲学和有益于宗教的数不清的结果。尤其是，我们已经指出，在**物质**或**有形对象的绝对存在**中，所有知识（世俗的或神圣的）的公认的、最危险的敌人，放置了它们的主要力量和信心。的确，如果把不能思想的东西的真实存在同它们的被感知区分开来，允许它们离开精神的心灵而独自存在，那么自然中的任何事物都不能得到解释；相反，会引起大量的无法解释的难题：物质的假设是纯粹不确定的，不是建立在任何理由上的；这个假说的结果不能承受考察和自由研究的光照，而只能把自己隐藏在黑暗之下，找一般借口说**无限的东西是不可理解的**。如果除去这个**物质**，不会带来丝毫不好的结果；如果世上没有人怀念它，任何事物也能被设想，而且没有它更容易设想；最后，如果假设只有精神和观念，那**怀疑论者**和**无神论者**将永远哑口无言，这个事物的系统将完全符合**理性**与**宗教**。于是，我认为，我们可以期待，虽然我

---

① A版接下来还有："无论什么样的数学家都可能想到微商（fluxion）或微分计算或类似的东西，但稍作思考就会明白，他们在用这些方法工作的时候，不能设想或想象比感官能够感知到的线和面更短的线、更小的面。实际上，如果乐意，他们可以把这叫作极小的、几乎感觉不到的分量的无穷小量，或者无穷小量的无穷小量；但是，说到底，它们实际上还是有限的。这些难题的解决不需要假设任何其他东西。这一点，以后将得到更清楚的理解。"——译者

的学说只是作为**假说**提出来的，虽然可以承认物质的存在（关于这一点我想我们已经明确地证明不是如此），但我的学说应当得到承认、被坚定地接受。

134. 真的，由于前述原理的缘故，那些被认为是学术的重要部分的争论和思辨，被作为无用的东西而被抛弃了。但是，那些已经深深卷入这一类研究并取得重大进展的人，可能对我们的观点抱有很大的偏见。然而，对于其他人，我们希望，不要因为我这里所建立的原则和原理，减少了研究的辛劳，使人类的科学比以前更清楚、更简要、更容易获得，就以此为理由来讨厌它们。

135. 关于**观念**的知识，我们已经说了自己想说的东西。按照我们制定的步骤，下一步应该论述**精神**。关于精神，人类的知识或许不像通常想象的那样缺乏。人们认为我们不知道精神的本性，其最大的理由是，我们没有精神的观念。但是，人类理智感知不到**精神**的观念，不应该认为是人类理智的一个缺点，因为很显然不可能存在任何这样的**观念**。关于这一点，如果我没有弄错的话，在第 27 节就得到了论证；但在这里我还想补充说，已经证明精神只是一个实体或支撑者，在其中无思想的存在者或观念能够存在；要说支撑或感知观念的这个**实体**本身也是一个**观念**或类似于一个**观念**，那显然是荒谬的。

136. 人们或许又会说，我们缺乏一个专门的感官（如有人想象的）来认识实体；如果我们有专门的感官，我们就可以认识自己的灵魂，就像认识一个三角形那

样。对此，我的回答是，在我们获得一个被赐予我们的

86 新感官的情况下，我们只能由此接收到某些新感觉或感官的观念。而我相信，人们不会说，他用**灵魂**和**实体**这些词所指的只是某种特殊的观念或感觉。因此，我们可以推断，在适当地考察了所有事物之后，认为我们的能力是有缺陷的，因为它们不能给我们提供精神的观念或能动的、能思想的实体的观念，这是不合理的，就像我们责怪它们不能理解**圆的正方形**一样不合理。

137. 从精神是按照观念或感觉的方式而被认识的观点中，引发了关于灵魂本性的许多谬论、异端邪说、怀疑论。这个观点甚至还使人怀疑，自己到底有没有与自己的身体分开的灵魂，因为探究之后他们发现自己没有灵魂的观念。观念是不活动的，观念的存在在于被感知，因此针对一个观念是一个独立自存的作用者的影像或图像的说法，似乎无须其他的反驳，只要注意到这些词所指的意思就够了。也许您又会说，虽然一个**观念**不能与一个**精神**在其思维、行动或自存方面相似，但可以在其他方面与精神相似，而且一个观念或影像不必在所有方面都与其原型相似。

138. 我可以回答说，观念如果不在所提到的那几个方面表现精神，那也不可能在任何其他方面表现它。去掉能意欲、能思想、能感知观念的能力，就不再有别的东西使观念能与精神相似。因为我们用**精神**这个词只是指那能思想、能意欲和能感知的东西，这一点且只有这一点才构成了精神一词的含义。因此，如果那些能力的任何程度都不

能在一个观念中被表现的话，那么显然就不可能有精神的观念。

139. 不过人们又会反驳说，如果不存在用**灵魂**、**精神**和**实体**等名词来表示的观念，那这些名词就是完全无用的，或没有什么意义。我回答说，这些词语确实指示或表示了一种实在的东西，但它既不是观念也不是与观念类似的东西，而是能感知观念、能意欲、能思考观念的东西。我自己是什么，我用"我"这个词所表示的东西，正是用**灵魂**或**精神实体**所指的东西。或者人们会说，这只是一个语词之争，既然大家都同意其他名称的直接含义被叫作**观念**，那就没有理由说，用**精神**或**灵魂**的名称表示的东西，不能分有这同一个称号。我的回答是，精神的所有无思想的对象，都与它们的完全被动性一致，它们的存在只在于被感知；但是，灵魂或精神是主动的存在者，其存在不在于被感知，而在于感知观念或思想。因此，为了避免含糊其辞，避免把本性完全不同的东西混淆起来，我们区分了**精神和观念**（参见第27节）。

140. 在较广的意义上，也可以说我们拥有**精神**的观念，更确切些说是精神的概念，即我们理解这个词的意义，否则我们不能肯定或否定它的任何东西。而且，我们借助自己的观念来设想存在于其他精神的心灵中的观念，我们假设自己的观念与那些观念是类似的。我们同样也知道，我们借助自己的灵魂知道其他精神，在这种意义上我们自己的灵魂是其他精神的影像或观念，它与

87

其他精神的类似关系，就像我感知到的蓝或热同他人所感知的那些观念的关系一样。①

141.不必假设②，主张灵魂的自然不朽性的人会认为，灵魂是绝对不能消灭的，甚至不能被最初赋予其存在的造物主的无限力量消灭；他们只是认为，灵魂不易被普通的自然律或运动规律所损坏或消解。如果人们主张人的灵魂只是一种稀薄的有生气的火焰，或动物灵魂的体系，他们就会使灵魂像身体一样易于消灭、易于腐烂，因为这种东西是最容易消散的，在将其围在其中的那个临时居所毁灭之后，它自然不能继续存活。最堕落的人贪婪地接受和珍视这个概念，把它作为最有效的解毒剂，用以消除一切美德的和宗教的印象。但是很明显，不论具有怎样的结构或组织的物体，都只是心中被动的观念，心灵与这些观念的距离和差异，比光明与黑暗的距离和差异还要大。我们已经表明，灵魂是不可分的、无形的、无广延的，因此是不

88 会朽坏的。更为明显的是，自然物体常常发生的运动、

---

① 我自己如何知道他人的观念和思想，这是哲学和心理学中的难题。贝克莱通过自己的设想、假设、类比，认为自己可以知道他人心中的观念，这显然不能算是充分的论证。当然这里隐含了贝克莱没有说出来的东西：我们都是上帝创造的，我们都是上帝的肖像，我们分有上帝的部分理智，这是我们能相互理解的基础。但是，对于一个不信上帝的人来说，这个基础是不存在的。贝克莱既然号称他讲的东西是"人类知识原理"，就要考虑到人类中有很大一部分人是不信上帝的。——译者

② A版的开始没有这么突然："灵魂的自然不朽性是前面的学说的必然结果。在我们试图证明这一点之前，我们解释一下这个学说的含义是合适的。不必假设……"——译者

变化、衰败、解体（我们用自然过程来表示它们），不可能影响一个主动的、单纯的、非组合的实体，因此这样一个存在者不能被自然力所分解，也就是说，**人的灵魂在自然中是不朽的**。

142. 从已经说过的东西中，我想可以明白看到，我们的灵魂被认识的方式不同于无感觉、不活动的对象被认识的方式，或者说灵魂是不能借**观念**来认识的。**精神**和**观念**是完全不同的东西，当我们说**它们存在、它们被认识**或类似的表达时，不应该认为这些词表达了这两种存在者中共同的东西。它们当中没有相似或共同的东西，期望通过增加或扩大我们的能力，我们就能够像认识一个三角形那样认识一个精神，那就像我们希望**看见声音**一样荒谬。我一再强调这一点是因为我以为，要在灵魂的本性方面澄清一些重要问题、防止极其危险的错误，这是很重要的。我认为，严格地说我们不能拥有一个主动的存在者的观念或活动的观念，尽管可以说我们拥有它们的概念。我对自己的心灵及它对观念的活动拥有某种知识或概念，是因为我知道或理解这些词所指的东西。我知道某个东西，就是我对其有某种概念。如果世人要交换地使用**观念**和**概念**两个术语，那我不说不可以。但是，为了获得清晰性和恰当性，我们就用不同的名称来区分非常不同的事物。还应当注意到，对包含了心灵活动的所有关系，我们都不能恰当地说拥有观念，而只能说拥有事物之间的关系或密切联系的概念。然而，如果照现代的做法，把**观念**一词扩展到精神、关系和活动，那就是语词关注的事情了①。

143. 我们还可以附带说，那些科学，尤其是通晓精神事物的科学之所以变得复杂难解、晦暗不明，**抽象观念**的学说是主要原因。人们想象自己能够形成关于心灵的能力和活动的抽象概念，认为这些概念既可以同它们相关的对象和结果分开，也可以同心灵或精神自身分开。因此，大量的意义不明、含糊不清的术语被生造出来，以代表抽象概念，并且被引入形而上学和道德学，由此在学者中引发了无数的纷乱和争论。

144. 但是，在心灵的本性和作用方面，使人们产生众多争论和错误的最大原因似乎就是，他们惯于用从**可感观念**中借来的术语谈论那些事物。例如，意志被叫作灵魂的**运动**，这就使人相信，人的心灵就像一个运动中的球，它被感官的对象所推动、所决定，就像球必然被球拍的挥舞所推动、所决定那样。因此，在道德学中产生了无数的会带来危险后果的顾虑和错误。我不怀疑，如果哲学家们被说服后退一步，静心考虑他们自己的意思②，则这类顾虑和错误都是可以清

① 从"我认为，严格地说……"开始这整个后半段，是 B 版增加的。——译者

② "我不怀疑，如果哲学家们被说服后退一步，静心考虑他们自己的意思，则这类顾虑和错误都是可以清除的，而真理会明白地、始终如一地、不矛盾地表现出来。"这一句在 A 版中是这样表述的："我不怀疑，如果哲学家们被说服远离某些被普遍接受的偏见和言说方式，回到自身，静心考虑他们自己的意思，则这类顾虑和错误都是可以清除的，而真理会明白地、始终如一地、不矛盾地表现出来。但是，在这个题目上产生的难题需要一篇更详尽的专题论文来阐述，而不是要适应本论著的计划。"——译者

除的，而真理会明白地、始终如一地、不矛盾地表现出来。

145. 从已经说过的东西来看，显然可见，我们所以能知道其他精神的存在，只是通过他们的活动，或通过他们在我们心中刺激产生的观念。我感知到观念的各种运动、变化和组合，这告诉我存在某些特殊的像我自己一样的作用者，他伴随那些观念，在那些观念的产生中共同起作用。因此，我拥有的对别的精神的知识不是直接的，不像我对自己的观念的知识那样，而是取决于观念的介入，我把那些观念作为结果或伴随而来的符号，归结到不同于我自己的作用者或精神。

146. 不过，虽然有某些东西使我们相信，人的作用者与观念的产生有关，但是对每个人来说很明显，被叫作自然作品的那些事物，即被我们感知的观念或感觉的绝大部分，不是由人的意志产生的或是不依赖人的意志的。因此，既然说那些观念自己存在是矛盾的，那就有别的精神来产生它们（参见第 29 节）。如果我们仔细考察自然事物的恒常的规则、秩序和连结，考察较大物体的令人吃惊的宏伟、美丽和完善，考察所造物较小部分的精细设计，以及整体的精确的和谐与一致，尤其是考察那些妙不可言的痛苦和快乐的法则，考察各种动物的本能或自然倾向、嗜好或情绪——如果我们考察所有这些事物，同时注意唯一、永久、全知、至善、完美等品德的含义和意义，我们将清楚地觉察到，它们都属于前

90

131

述的那个精神，他**在众人里面运行一切的事** ①，万有也**靠他而立** ②。

147.因此，显然可见，上帝正如别的异于我们自己的那些心灵或精神，是明确地、直接地被认识的。我们甚至可以断言，上帝的存在比人的存在还被人更加明显地感知到，因为自然的结果比归属于人的结果多无数倍、重要无数倍。凡能表示人的符号，或由人产生的结果，都强烈地表示那个精神即**自然的作者**的存在。因为，显而易见，在影响他人的时候，人的意志没有其他目标，而只是使自己的肢体运动起来；可是这个运动能被他人的心灵注意，或在他人的心灵中刺激产生观念，完全取决于创造者的意志。只有他，"常用他权能的命令托住万有" ③，维持各个精神之间的相互交流，因此他们才能感知到另一方的存在。不过这个纯洁明亮的光，虽启迪着每一个人，但它本身是不可见的。

148.不爱思想的民众似乎有一个普遍借口：他们看不见上帝。他们说，如果我们能够看到他，像看见一个人，那我们就相信他存在，相信并服从他的命令。唉！我们只需睁开眼睛就能看到万物的主宰，而且看

---

① 语出《圣经》"多林哥前书"第12章第6节："功用也有分别，神却是一位，在众人里面运行一切的事。"——译者

② 语出《圣经》"歌罗西书"第1章第17节："他在万有之先，万有也靠他而立。"——译者

③ 语出《圣经》"希伯来书"第1章第3节："他是神荣耀所发的光辉，是神本体的真相，常用他权能的命令托住万有。"——译者

他比看任何一位同类的人还更全面、更清楚。我不能想象，我们可以直接、立刻看到上帝（如有些人认为的），或者看有形的东西时不是看它自身，而是看它们在上帝的本质中所表示的东西。我必须承认，我不能理解这样的学说。我把我的意思解释一下。一个人的精神或人格，不是被感官感知的，因为他不是一个观念。因此，当我们看到一个人的颜色、尺寸、形状和运动时，我们感知到的只是在我们心中刺激产生的某 91
些感觉或观念，这些东西在我们眼前展示的是各种不同观念的集合，用来向我们表示像我们自己一样的有限的、被造的精神的存在。因此很显然，如果用人指的是能生活、运动、感知和思维（如我们所做的那样）的东西，那我们看不到人；但是，如果用人只是指观念的某种集合体，这就使我们认为，存在一个像我们自己一样的不同的思想和运动的原则，伴随这个集合体或被这个集合体表示。我们按照同样的方式来看上帝。两者之间的所有差别只在于，一个有限的、狭窄的观念集合体只表示一个特殊的人心，可是不论何处我们睁开眼睛，都随时随地感知到神灵的明显标记。我们看到、听到、触摸到或以任何方式被感官感知到的任何东西，都是上帝的力量的符号或结果，就像我们感知到的那些特殊运动是人产生的一样。

149. 因此，显而易见，任何稍微能思考的人都可以看到，上帝或亲切地呈现给我们心灵的那个精神是存在的，他在我们心中产生了所有的持续影响我们的不同观念或感觉，我们绝对地、完全地依赖上帝。一句话，**我们在他之中活着、运动和存在**。对人心来说，这个伟大的真理是如此的贴近和明显，可是只有极少数人的理性发现它，这是人类愚蠢和粗心的悲惨例证：虽然他们的周围都是上帝的明白的表示，可是他们没有受到丝毫的感动，这就像光线过强把眼睛弄瞎了。

150. 但是，您又会问，在自然事物的产生中自然不参与么？它们都必须归于上帝直接的、唯一的作用么？我回答说，如果用**自然**一词只是指可见的**一系列**结果，或按照某种固定的一般规律印在我们心灵上的感觉，那么很明显，这种意义上的自然就不可能产生任何东西。然而，如果用**自然**一词指的是有别于上帝、有别于自然律、有别于被感官感知的事物的某个存在者，那我必须承认那个词对我而言只是一个空洞的声音，在上面没有附加任何可理解的意义。这种意义上的自然是一个由那些异教徒引入的无效的**假想怪兽**，那些异教徒对上帝的遍在和无限完善没有恰当的概念。但是，更加不能理解的是：基督徒一方面公开承认信仰《圣经》——《圣经》时常把异教哲学家惯于归于**自然**的那些结果归于上帝的直接之手，另一方面又接受自然学说。"主，使云雾从地极上腾，他造电随雨而闪，从他府库中带出风来。"（《圣经》"耶利米书"第 10 章第 13 节）"他使死荫变为晨光，使白日变为黑夜。"（《圣经》"阿摩司书"第 5 章第 8 节）"你眷顾地，降下透雨，使地大得肥美；你以恩典为年岁的冠冕；草场以羊群为衣，谷中也长满了五谷。"(《圣经》"诗篇"第 65 篇)① 尽管这些是《圣经》中常见的语言，可是我们不知道为什么人们不愿意相信，上帝如此亲近地忙于我们的事务。我们乐意假设他离我们很远，用某种盲目的、不能思想的作用者来代替他，虽然（如果我们相信圣·保罗的话）"他离我们各人不远"②。

151. 我不怀疑有人会反驳说，我们在自然事物的产生中观察到缓慢的、逐渐的方法，这似乎说明它们产生的原因不是**万能作用者**（almighty Agent）的直接之手。此外，妖怪、早产、花期枯萎的嫩果、在沙漠中落下的雨水、伴随人生的不幸，都足以证明：整个自然体系不是由具有无限智慧和善意的精神来推动和管理的。不过，我在第 62 节所说的可以很好地回答这种责难。要想依据最简单、最一般的规则，并且按照一种稳定的、一贯的方式来运行，上述的自然的方法显然是绝对必需的，这证明了上帝的**智慧**和**善意**。巨大的自然机器是巧妙设计的产物，当它的运动和各种现象被我们的感官感知时，那一只推动整个自然的上帝之手本身并不能被血

---

① 贝克莱在这里摘录了《圣经》"诗篇"第 65 篇 9—13 行的几句。全句为："9 你眷顾地，降下透雨，使地大得肥美。神的河满了水；你这样浇灌了地，好为人预备五谷。10 你浇透地的犁沟，润平犁脊；降甘霖，使地软和；其中发长的，蒙你赐福。11 你以恩典为年岁的冠冕，你的路径都滴下脂油，12 滴在旷野的草场上；小山以欢乐束腰，13 草场以羊群为衣，谷中也长满了五谷。这一切都欢呼歌唱。"——译者

② 语出《圣经》"使徒行传"第 17 章第 27 节（保罗在雅典传道）："要叫他们寻求神，或者可以揣摩而得，其实他离我们各人不远。"——译者

肉之躯的人感知到。先知说，"神啊，你实在是自隐的

93 神！"（《圣经》"以赛亚书"第 45 章第 15 节）但是，虽然上帝避开**耽于感官享受**和不肯稍作运思的**懒惰之人**的眼睛，把自己隐藏起来，可是对于一个无偏见、能注意的心灵来说，最清楚的事情就是，一位**全知精神**的亲切在场，他创造、管理、维持整个存在者的系统。由我们在别处所说的来看，很清楚，上帝按照普遍的、确定的规律来运作，这是指导我们的人生事务所必需的，是让我们窥见自然的秘密所必需的。没有它，则人类全部的研究、思想活动，全部的精明和设计，都归于无效；甚至在我们的心中不可能存在任何的能力或力量（参见第31 节）。这样的考虑足以抵消由此而可能带来的特殊的麻烦，且绰绰有余。

152. 我们还应该进一步考虑到，自然中的缺点和污点，也并非没有其用处：它们形成了各种不同事物的令人愉悦的城堡，扩大了被造物其余部分的美丽，就像一幅画中的阴影能衬托更明亮的部分。同样，我们还应当更仔细地考虑到，当我们指责，种子和胚胎的浪费、植物和动物在完全成熟之前遭受意外的破坏，是**自然的作者**的轻率行为造成的时候，这样的指责是否来自我们太熟悉的无能力、爱节俭的人所养成的偏见。就**人**来说，节俭地使用东西诚然可以被认为是**智慧**，因为他要花费很多辛劳才能获得那些东西。但我们一定不能设想，伟大的造物主在生产动物、植物的妙不可言的机器时，比生产一块鹅卵石花费了更多的辛苦和麻烦。明显不过的

是，全能的精神凭单纯的**命令**或他的意志的行动就能无差别地产生任何事物。因此，自然事物的丰富多彩，显然不能解释为产生它们的那位作者的弱点和浪费，而应看成是他的丰富能力的证明。

153. 至于由普遍的自然律和有限的不完善的精神的行为所产生的世界上的各种痛苦或焦虑，在我们现在所处的状态下，是我们幸福的绝对必要的条件。但是，我们的视野过于狭窄，例如，我们想到某一特殊痛苦的观念，就认为它是**恶的**；反之，如果我们扩大自己的视野，理解事物的各种目的、联系和依赖性，观察在什么情况下、以何种比例我们为痛苦和快乐所激动，观察人的自由本性，观察我们被放入世界中的计划，那我们不得不承认，那些特殊的事物，就它们自身来考虑显得是**恶的**，但是联系整个存在者的体系来考虑时，它们都具有**善的**本性。

94

154. 由上所说，每个有思想的人都会明白看到，之所以有人赞成**无神论**和**摩尼邪教** ①，只是因为他们的心

---

① 摩尼教的创教者摩尼生于公元 216 年，242 年在巴比伦传教，277年被钉死在十字架上。他的目标是要建立一个世界性的宗教，超越一切的宗教传统。摩尼声称自己是佛祖、琐罗亚斯德和耶稣的继承者，也是最后一位先知。摩尼说："智慧和神迹不断地被神的使者传给人类。因此，使者曾经是来自印度的佛祖，在一个时代则是来自波斯的琐罗亚斯德，而在另一个时代则是来自以色列拿撒勒的耶稣。启示再次降临，在这个最后时代的预言则通过我，摩尼，来自巴比伦的真主的使者。"摩尼教受到琐罗亚斯德教和基督教、佛教的影响，其教义在诺斯底主义的影响下，主张灵魂从肉体中彻底解脱，因而强调禁欲、食素，同时也包括了佛教的转世说和叙利亚的天使说。另外，它反对犹太教，把犹太教视为黑暗神的创造物。在神学思想上，摩尼教认为光与暗、善与恶，永远是敌对与竞争的。

灵缺乏注意，缺乏广阔视野。渺小而无反思的灵魂，也许会取笑上帝的作品，因为他们没有能力或者不愿费心思来理解宇宙的美丽和秩序。但是，只要人们能正确地、充分地运用思想，习惯于反思，则他们会对照亮整个自然体系的智慧和善意的神迹赞叹不已。然而，真理虽然可以很强地照亮人心，但如果人们心存厌恶、故意闭上双眼，还能看见它吗？因此，如果一般人专心于俗务或享受，而不常张开自己心灵的眼睛，那么他们不能确信和证明有理性的被造物所期望的上帝的存在，那有什么奇怪的呢？

155. 我们只应惊异，人们能够被发现如此愚蠢地忽略了这样明显而重要的真理，而不要惊异，他们忽略了自己不相信那个真理。然而可怕的是，许多生活在基督教国家的有才华、有闲暇的人，只因懒惰和异常的疏忽，竟然堕落为**无神论者**。因为一个灵魂如果彻底感觉到**万能的精神**的遍在、神圣、正义，被这种感觉刺入和照亮，则他绝不会一直坚持、不知懊悔地违反上帝的法律。因此，我们应当认真地思考和注意那些重要

95　之点，这样我们可以毫无疑虑地确信："耶和华的眼目，无处不在；恶人善人，他都鉴察。"① 确信：他与我们随

譬如说：上帝是善良的，那么缺乏善良的就是罪恶，正如黑暗是因为缺乏光明。它讲心灵与物质的关系，还有得救方面的论述，有些与诺斯底主义很接近。基督教神学家奥古斯丁最初也加入这个教派，是前后长达九年的"摩尼教徒"。后来奥古斯丁脱离摩尼教，并反驳它。——译者

① 语出《圣经》"箴言"第 15 章第 3 节。——译者

在，我们无论走到哪里，他都与我们同在；他给我们面包吃，给我们衣服穿。确信：他是呈现于并且意识到我们内心最深的思想的。确信：我们绝对地、直接地依赖他。如果能明白地看到这些伟大的真理，我们的内心必定会充满极端的审慎、虔诚的敬畏，这是使人向善的最强动机、防人为恶的最好武器。

156. 在我们的研究中，首先值得做的是要考察**上帝**、考察我们的**责任**，促进这种考察是我劳动的主要意图和目的。因此，如果我所说的东西不能鼓励我的读者虔诚地意识到上帝的在场，那我认为我的劳动是完全徒劳无益的。但是，我既已指出学者们主要从事的那些不结果实的思辨是虚假的、无聊的，那就可以更好地使他们崇敬和信奉福音书的有益的真理，因为认识和实践那些真理，人性才能达到至善。

海拉斯与菲洛奴斯的三篇对话

译者前言

我们知道，《人类知识原理》（简称《原理》）是贝克莱的主要哲学著作。但是，这本书在 1710 年出版（A 版）后并未引起多大反响。贝克莱时年才 25 岁，这不难理解。为了扩大影响，贝克莱写了《海拉斯与菲洛奴斯的三篇对话》（简称《三篇对话》）(*Three Dialogues between Hylas and Philonous*) ①。第一篇对话出版于 1713 年，第二篇出版于 1725 年。1734 年，贝克莱将《人类知识原理》和《海拉斯与菲洛奴斯的三篇对话》合集出版（第三篇对话首次出版，《人类知识原理》B 版）。贝克莱原打算出版《三篇对话》后再写《人类知识原理》的第二部，用以讨论精神实体。但不知何故，贝克莱一直没有出版第二部。他自己的解释是，在 1716—1720 年，他在法国和意大利的旅行途中丢失了已经写好的第二部，后来怕麻烦，就没有再写。这是一件很遗憾的事

---

① 贝克莱自己的解释是："在我继续出版第二部之前，我认为必须更清楚、更充分地论述在第一部中规定的原则，并重新解释它们，这就是下面的对话的工作。"（"序言"）休谟后来模仿了贝克莱的做法。休谟在二十八九岁出版《人性论》(1739—1740) 时没有产生多大影响之后，改写了《人性论》，分别出版了《人类理智研究》(1748) 和《道德原理研究》(1751)。但哲学界普遍认为，《人性论》才是休谟最重要的哲学著作。

情，以致我们今天没有看到贝克莱对精神实体或心的完整论述。

在三篇对话的 A 篇和 B 篇对话中，原有的副标题是："本书的计划是明白地证明人类知识的真实性和完善性、灵魂的非有形本性以及神的旨意，反对怀疑论者和无神论者。此外，开启一种使科学变得更容易、更有用、更简明的方法。"这个副标题把三篇对话的内容讲得很清楚了。第一，明白地证明"人类知识"的真实性和完善性。这里的"人类知识"就是贝克莱自己讲的"知识原理"："存在就是被感知"；观念或事物不能在心外存在；所有存在者分为精神实体（又分为无限的精神实体和有限的精神实体）和观念或事物，前者是感知者，后者是被感知者，等等。第二，证明灵魂的非有形本性，即精神实体或心的非物质性，即他的非物质主义（immaterialism）。第三，证明上帝的旨意。这是贝克莱作为大主教的职责。第四，反对怀疑论和无神论。熟悉《人类知识原理》的人都知道，这四个内容正是《原理》阐述的内容。所以，从内容上说，《三篇对话》并没有提出新的东西。该书的主要价值其实是第五点："开启一种使科学变得更容易、更有用、更简明的方法。"这是什么方法，贝克莱没有说。不过从文本来看，我们可以推测，这就是通过对话来阐明哲学内容的方法，通过对话，贝克莱详细、深入地展开了在《原理》中论述的哲学主题。

我们知道，对话的方法（"辩证法"由此而来）在古希腊时期已被普遍采用。据现有的资料来看，苏格拉底是最娴熟地采用对话方法的人。他不断地诘难对方，直至对方理屈词穷。苏格拉底的弟子柏拉图完全采用对话方法来写作，留下了哲学史和文学史上的经典名篇《柏拉图对话集》。但贝克莱的对话方法与苏格拉底和柏拉图的对话方法都不同。首先，在柏拉图的对话中，对话有好几个人，尽管主角常常是苏格拉底、巴门尼德等人。因为有几个人对话，其各有立场和观点，对话是容易进行下去的。但是，贝克莱的对话中主角只是两个虚拟的人物，其对话要困难得多。其次，在苏格拉底的对话中，虽然有时对话的主角也是两人，但苏格拉底对话中的两人（据柏拉图记载）是真实的两人，两人有完全不同的立场和观点，对话也是容易进行的，而贝克莱虚拟的两个人物的对话显然更困难。

贝克莱的对话方法是"两极对话法"，即两个观点完全对立的人的对话。对话的一方 Philonous（菲洛奴斯），来自希腊语，philo 的意思是"爱、追求"；nous 的意思是"心、精神、理智"，合起来的意思是"爱心"、"爱精神"、"爱理智"，"追求心"、"追求精神"、"追求理智"，代表贝克莱本人；对话的另一方 Hylas（海拉斯），来自希腊语，意思是"物质"，代表唯物论者。两极对话是很难驾驭的一种对话，有点类似自己与自己下棋。一个独自下过象棋的人都知道，自己下象棋是很难的。一方面，你要尽力从两方棋手来下棋，这样才有意思，棋才下得长；但另一方面，自己心里很清楚，要让其中的任何一方赢或输是很容易的。也就是说，当你把自己假设为两个对立的棋手下棋时，你是很难保持中立的，你终究会偏袒其中的一方，这就是一个人自己下棋不好玩的原因。如果一个人自己下棋能玩很久，那说明这个人的思维是很开阔的，他能把自己分成两个角色，相对中立地思考，这是一般人很难做到的。两极对话就类似于自己与自己下棋。要使对话进行下去且有质量，作者设计的两个对话者必须有各自鲜明的立场，对立的观点，且水平相当，双方的攻防有理有据，不能让读者明显看到作者是偏袒其中一方的。这就需要作者有既宽又厚的思维广度和深度，还需要严密的逻辑和语言技巧。贝克莱在所有这些方面都做得相当出色。三篇对话各有主题（见后），每个对话围绕主题展开，层层递进，双方攻防，你来我往，栩栩如生。读者好像在欣赏两个观点对立的哲学家正在讨论问题。读这样的对话真是享受。当然，贝克莱终究是有立场的。整个对话过程就是唯物论者海拉斯被唯心论者菲洛奴斯说服的过程。但是，这样的过程是逐步展开的、合乎逻辑的。海拉斯尽力阐明自己的观点，反驳菲洛奴斯的观点，然后逐步被菲洛奴斯说服，承认自己犯错或不清楚自己说了什么。下面，我们简单概括叙述一下每篇对话的主要内容。

第一篇对话的中心思想是：原始性质和次生性质（primary and secondary qualities，也可译为"第一性的质和第二性的质"）都是心中的观念。原始性质和次生性质的理论是流行于 17 世纪的机械唯物论观点，从源头上说来自以德谟克利特为代表的古代原子论唯物主义，在 17 世纪为伽利略、笛卡尔、波义耳等著名学者所主张。然而，唯有洛克对这个理论进行了哲学证明，使其成为西方近代哲学中有重要意义的论题。洛克认为，物体的原始性质就是"体积、形状、数目和运动，它们实在地存在于其中，无论我们注意到它们与否"①。洛克在这里肯定了有形实体存在"原始性质"，它们与事物共存，与人的感知无关，当然人可以感知它们。"依赖原始性质的可感知的次生性质只是实体拥有的能力，实体借这些能力通过我们的感官在我们心中引起各种观念；次生性质的观念不在事物本身中，这不同于事物存在其原因中。"②这些能力是原始性质与我们的感官相会时在我们身上产生颜色、声音、滋味、气味等各种感觉的能力，而这些感觉就是观念。洛克对这种区分的论证说明，原始性质是客观的，次生性质是主观的。既然原始性质是客观的，是存在于物体中，那就说明物体即物质实体是客观存在的。这是贝克莱不能接受的，他的目的就要否认物质的存在。所以，反驳两种性质的区分就成了贝克莱不能回避的任务。在《人类知识原理》第一部第 9、10、11、14 节贝克莱已经论述了这个问题，反驳了两种性质的区分，认为它们都是依据心、依据感官

---

① John Locke, *An Essay Concerning Human Understanding*, 9, Chapter XXIII, book II.The Pennsylvania State University Press, 1999.
② John Locke, *An Essay Concerning Human Understanding*, 9, Chapter XXIII, book II.The Pennsylvania State University Press, 1999.

而存在的。但贝克莱觉得这些论述远远不够，所以在
《三篇对话》中用了整整一篇对话来讨论这个问题。在
对话中，海拉斯代表洛克等人的观点，坚持两种性质的
区分，菲洛奴斯代表贝克莱本人的观点，否认这种区
分。他们依次讨论了触觉（温度）、味觉（滋味）、嗅觉
（气味）、听觉（声音）、视觉（颜色、光）、广延、运动、
坚固性、物质基础（material substratum）。最后，海拉
斯被菲洛奴斯说服，承认两种性质不能分离，且不能在
心外存在。

　　第二篇对话的中心内容是反驳物质存在。海拉斯认
为，灵魂、神经产生观念，被菲洛奴斯反驳说，大脑、
神经只是观念的集合物，不可能产生观念。然后两人相
互指责对方是怀疑论者，但两人都说自己信仰上帝，所
以不是怀疑论者。菲洛奴斯认为，因为世界是依赖于心
的，但是独立于我的心的，所以它依赖上帝的心。接下
来，讨论了关于物质的各种缺乏活力的（etiolated）概
念（conceptions），按照这些概念，物质超越了可感性
质。在菲洛奴斯反驳了物质是对象、基础之后，海拉斯
又认为，物质是观念的原因。菲洛奴斯则认为，被理解
为"有广延的、坚固的、可移动的、无思想的、迟钝的
实体"的物质，不可能是思想和观念的原因。然后，海
拉斯又说，即使物质不是思想和观念的原因，也可以作
为上帝旨意的"工具"（instrument），这又遭到菲洛奴
斯的反驳。然后，海拉斯又提出物质是"缘由"（occa-
sion），又被菲洛奴斯反驳。在物质作为对象、基础、原

因、工具、缘由被逐一否认之后，海拉斯又说，物质是与所有这些都有区别的，而且是我们完全不知道的一种东西。菲洛奴斯反驳说，既然抽去了物质的一切规定，却又要肯定物质的存在，这是荒谬的。

第三篇对话的主题是反驳无神论和怀疑论。承认物质存在，必然导致怀疑论和无神论。反之，去除了物质后，一切皆可知：在所有存在者中，只有观念（被动）和感知观念者（主动），不存在其他。此外，去除了物质后，人们自然要相信上帝，因为上帝是所有观念（事物）的最终感知者，这就消除了无神论。这是贝克莱的基本观点。对话一开始，唯物论者海拉斯承认，我们对事物知道得太少了，对事物的内部组织一无所知（洛克的观点）。菲洛奴斯由此断定，海拉斯陷入了怀疑论。他们争论的是，真实的对象与现象同一，还是与存在于现象背后的东西同一，以及如果现象背后存在东西的话我们是否能够认识它。菲洛奴斯认为，现象就是真实事物，就是观念（这是现代现象学的观点），观念被心（我心、他心、上帝心）所感知。所以，这里没有怀疑论。接着，菲洛奴斯谈到了"上帝"概念的来源："上帝"概念来自我们对自己灵魂的反思，并且增大能力，去除一切缺点，而我们却不能通过反思自己推知"物质"的存在。所以，海拉斯把"物质"与"上帝"相提并论是错误的。接下来，海拉斯指出，菲洛奴斯把上帝看成是一切现象的唯一原因，就等于把上帝看成是世间一切罪恶的原因。贝克莱借菲洛奴斯之口重申了他的"神正论"：人作恶的责任在自己，不在上帝。海拉斯又借"上帝受苦"的缺陷反驳菲洛奴斯的"上帝"概念。菲洛奴斯回答说，上帝理解、贮藏观念，但并不是通过感官，所以上帝有痛苦的观念，但并没有痛苦的感觉。恶的问题或神正论是《人类知识原理》151—154 节讨论的问题，在这个对话里给予了进一步的阐发。接下来，两人争论的是关于宇宙创造的问题。海拉斯认为，《圣经》记载的"创造"（Creation），是创造了真实事物、有形实体，而不是什么观念。菲洛奴斯反驳说，摩西从没有提到过上帝创造了有形实体。海拉斯说，如果按照菲洛奴斯的说法，一切观念或事物都在上帝心中，那就无所谓"创造"了。菲洛奴斯回答说，所谓"创造"只是借上帝的命令，使原来不可知觉的东西变得可以为人所知了，所以"创造"只是相对于有限的智慧存在者（人）而言的。最后，菲洛奴斯陈述了两个观点：（1）唯心论使科学变得更清晰和非形而上学；（2）怀疑论建立在对物质的形而上学信念上。

最后，说一下中译本的情况。商务印书馆在 1935 年出版了著名翻译家关文运先生（1904—1973）的中文译本，书名为《柏克莱对话三篇》；1957 年经译者修订后，商务印书馆再版了此书。2017 年，商务印书馆又出了此书，编者将书名改成了《海拉斯与斐洛诺斯对话三篇》，并将 1957 年版本中的虚拟对话人物 Philonous 的译名"菲伦诺"改成了"斐洛诺斯"（简称"斐"），将另一虚拟对话人物 Hylas "西拉"的译名改成了"海拉斯"（简称"海"），但其内容没有改动。这个译本对我国研究贝克莱哲学功不可没，在研究者和青年学生中产生了重要影响，我在研究贝克莱哲学时也阅读过这个译本。但是，本人在对照英文版阅读时发现，这个译本还有不完善之处。首先，这个译本缺少原文的"序言"；其次，按照我对原文的理解，这个译本有几处漏译、误译，甚至还有错译，特别是有些译名和现代学界通行的哲学术语不同，毕竟在这几十年间，国内学术界有了长足的进步和发展。随着时代的进步，中国学界理应有更好的译本出现。因此，我重新翻译了本书，采用的蓝本是国际权威版本——由鲁斯（A. A. Luce）和杰索普（T. E. Jessop）编辑的《乔治·贝克莱全集》（*The Complete Works of George Berkeley*, 1948—1957, Nelson）。从 2020 年初开始到今年初，我花了几乎全部的课余和休息时间来翻译这本 7 万多字的著作。我希望这个译本对我国的学术研究和教学工作有所裨益。当然，由于本人学识和外语水平有限，尽管本人尽心二维，也无法避免译本中存有的错漏。学术研究无止境，译事亦如此。寄望于读者指正、指教！

张桂权

2021 年 2 月

全国抗击新型冠状病毒肺炎疫情期间

自闭于成都四川师大明珠园宿舍

序　言^①

思辨的目的是实践，或改善和调节我们的生活和行动——虽然这看起来是世人的普遍看法，如同自然设计和神意一样，但是，那些沉迷于思辨研究的人，一般说来似乎具有另一种心态。事实上，如果我们考虑到已经付出的辛劳，不过是对最平常的事物感到困惑，对感官不信任，在科学入口处出现怀疑、顾忌、抽象和精细化，那么，这似乎并不奇怪：那些有闲暇和好奇心的人应该使自己安心于毫无结果的研究，而不是下降到生活的实际部分，或者告知自己更必要和更重要的知识。

根据哲学家的共同原则，我们不能确保他们的被感知的事物存在。我们被教导说，要把事物的真实本性同落入我们感官之下的东西区别开来。由此，产生了怀疑论和悖论。我们看到、摸到、尝到、闻到一事物，那是不够的，它的真实本性、它的绝对外在的存

---

① 边码为英文原书页码。《三篇对话》与《人类知识原理》合编在一本书中，《三篇对话》位于《人类知识原理》之后，故页码从 103页开始。此序言在 1734 年出版的合集本（《人类知识原理》与《三篇对话》）中被省略（第一篇和第二篇对话分别出版于 1713 年、1725 年）。——译者

在仍然被隐藏起来了。因为，虽然它是我们自己大脑的虚构，但我们使它无法进入我们自己所有的才能（faculties）。感觉是虚假的，理性是有缺陷的。我们一生都在怀疑其他人明显知道的事物，并且相信那些他们嘲笑和鄙视的事物。

因此，为了从徒劳的研究中转移人们忙碌的心灵，似乎有必要探究其困惑的根源；并且，如果可能的话，应制定这样的原则：通过对这些原则的简单解答，它们连同其原始证据，都可以立刻真正地把自己推荐给心灵，并把心灵从它所涉及的无休止的追求中拯救出来。这些东西，连同对一个看透一切的上帝的直接神意的明显证明，连同灵魂的自然不朽，似乎是对美德的研究和实践的最妥当的准备，也是最强烈的动机。

我在 1710 年出版的《人类知识原理》的第一部中提出了这个计划。但是，在我继续出版第二部①之前，我认为必须更清楚、更充分地论述在第一部中规定的原则，并重新解释它们，这就是下面的对话的工作。　104

这篇论文不预先假定读者对第一部包含的内容有任何了解，我的目的是要以最容易、最熟悉的方式把我主张的观点引入内心，因为这些观点极大地反对哲学家的偏见，而这些偏见迄今为止战胜了人类的常识和自然

---

① 贝克莱出版的《人类知识原理》只包括了导论和第一部，原来他计划写第二部用以讨论精神实体，本篇对话是在第二部写作前写的，故有此说。后来贝克莱完成了《人类知识原理》第二部的写作，但他自己说在意大利的旅游途中遗失了这部手稿，怕麻烦，他没有再写。——译者

观点。

如果我在这里努力宣传的原则被承认是真的,我认为,由此产生的显而易见的后果是:无神论和怀疑论将被彻底摧毁,许多错综复杂的观点将变得简单明了,巨大的难题将得到解决,一些无用的科学部分将被裁减,学说将付诸实践,而人们将从悖论回归常识。

虽然对某些人来说这看起来可能是一种令人不安的反思:当他们用这么多精致的和不俗的观点环行了一次的时候,他们最终应该像其他人一样思考。然而,我认为,在哲学的野外迷宫中漫游之后,这就回到了大自然的简单命令,这不是令人不愉快的。这就像一个人从长途旅行回到家里:高兴地反思他所经历的许多困难和困惑,让他心情放松,自己也对未来感到更满意。既然我打算用理性说服怀疑论者和异教徒,那我就要努力严格遵守最严厉的推理定律。并且我希望,对于一个公正的读者来说显而易见的是,上帝的崇高理念以及对不朽的舒适期望,自然而然地产生于对思想的紧密且有条理的应用:那种宽松、漫无边际的方式的任何结果,都被思想中的某些玩乐者并非完全不正当地称之为自由思想,他们不可能比忍受宗教、政府的限制更能忍受逻辑的限制。

105　　或许这是与我的计划相对立的:只要它倾向于缓解充满了难题和无用研究的内心,它就只可能影响一些思辨者。但是,如果通过被合理处置的思辨,对道德和自然法的研究在部分人和天才中就会更加流行起来,于是导致怀疑论的沮丧被消除了，是非的尺度被准确规定了，自然宗教的原则被简化为常规系统，如同其他科学那样被巧妙处理和清晰地联系：这就有了思考的基础。这些结果不仅会对修复世界上过多污损的美德感逐渐产生影响，而且通过表明，人类的研究所能达到的那些启示对正当的理性是最适合的，它们就会使所有谨慎、无偏见的人，谦虚、审慎地对待那些超越了我们的理解能力的神圣奥秘。

　　接下来，我希望读者在通读这些对话之前都不要责难它们。否则，他可能会因为自己的计划错误，或者由于他将在续集中找到已经回答的难题或责难，而将它们放在一边。这种性质的论文需要一次性连续读完，以便理解它的计划、证据、难题的解答，以及各个部分的联系和安排。如果它被认为值得再读一次，我想这将使整个方案变得非常简明，尤其是，如果求助于我几年前写的关于视觉的论文①和《人类知识原理》的话。那些书中的许多观点在本对话中得到推进，它们被进一步探究，或被置于不同的解释之下，其他观点也得到了处理。

―――――――――

① *An Essay Towards a New Theory of Vision*, Dublin, 1709。（《视觉新论》，都柏林，1709）――译者

第一篇对话

菲洛奴斯①（**以下简称"菲"**）：早上好，海拉斯先生，我没想到您这么早就出来了。

海拉斯②（**以下简称"海"**）：是的，我的确不经常早起外出。但是，我的思想被昨天晚上讨论的那个主题所占据，我发现自己难以安寝，所以决心起来，到花园中散散心。

菲：这倒好，让您明白您每天早上丢掉了多少自然悦意的快乐。一天之内能有比早上更宜人的时光，一年之中能有比现在更愉快的季节吗？那紫色的天空，那百鸟野性而甜蜜的音调，树木芳香，百花盛开，朝阳和煦，以及千百种难以名状的自然之美，通过秘密输送激荡着灵魂；灵魂才能在此时也显得清新活泼，花园的幽谧和清晨的宁静，自然使我们适宜做这些沉思。不过，我恐怕打搅了您的思绪，因为您似乎正凝思着什么吧。

---

① Philonous，来自希腊语，philo 的意思是"爱、追求"；nous 的意思是"心、精神、理智"。合起来的意思是"对心的爱"、"爱精神"、"爱理智"，"追求心"、"追求精神"、"爱理智"。——译者
② Hylas，来自希腊语，意思是"物质"。——译者

海：的确，我正在凝思，如果您允许我继续遐想，我保证那样做；我绝不是要离开您独自思考，因为我的思想在与朋友的对话中比在自己独处时更容易流露出来，而我的要求只是，您要忍受我向您反射的东西。

菲：我满心欢喜。如果您不阻止我的话，那正是我想请求您的。

海：我正在思考所有时代那些人的奇特命运，他们假装与凡人不同，或者通过某种无法解释的思想转折，竟然声称要么不相信任何东西，要么相信世上最荒谬的东西。如果他们的悖论和怀疑论在他们身后没有产生对人类不利的一般后果，那还可以忍受。但是，这里却有一种坏处，当那些较少闲暇的人，看到那些在追求知识的道路上应该花费了全部时间的人，竟然宣称对所有事情完全无知，或者提出的观点与朴实的和普遍接受的原则相冲突的时候，他们就会受到诱惑，去怀疑那些迄今为止还被认为是神圣的和不容置疑的最重要真理。

108

菲：我完全同意您的看法，有一种不好的趋势：有些哲学家假装怀疑，而另外的哲学家则胡思乱想。近来，我甚至在这种思维方式上走得很远，我为大众的意见而抛弃了我在他们的学校里获得的若干崇高观点。而且我要老实告诉您，自从我反叛形而上学的观点回归到自然的朴实命令和常识以来，我发现自己的理解能力豁然开朗，以致我现在能够很容易理解许多以前感觉神秘和谜一样的东西。

海：我很高兴地发现，我听到的关于您的议论原来都是无中生有。

菲：请告诉我，他们说我什么？

海：在昨晚的谈话中，人们说您主张一种曾经进入人心的最为荒谬的意见：即，世界上根本不存在**物质实体**这种东西。

菲：我被认真地说服了：不存在哲学家们叫作**物质实体**的那种东西。但是，如果有人能使我看到其中有什么荒谬或可疑之处，那么我会有理由放弃这个意见，如同我想象现在必须拒绝相反的意见一样。

海：什么！相信不存在**物质**这样的事物，还有比这荒谬、更违背常识的事吗？还有比这更明显的怀疑论吗？

菲：好啦，海拉斯，稍安勿躁。如果能够证明，虽然您认为物质实体存在，但您由于这一观点比我这不信这种事物的人成为了更大的怀疑论者，主张了更多的悖论和违背常识的东西，那该如何是好？

109　海：为了避免荒谬和怀疑论，您可以尽快说服我，但要我在这一点上被迫放弃我的意见，这无异于说部分大于整体。

菲：好吧。如果有一个意见经过考察之后，显得是最贴近常识的，而且远离怀疑论，那么，您甘心承认它是真的吗？

海：我满心愿意。既然您有心就自然界最明白的事情引起辩论，我倒很乐意听一下您要说什么。

菲：海拉斯，拜托您说一下，您用**怀疑论者**指什么?

海：我的意思与所有人的意思一样，怀疑论者就是怀疑一切的人。

菲：如果一个人在某一特殊点上毫不怀疑，那么他在那一点上就不能被认为是**怀疑论者**。

海：我同意。

菲：所谓怀疑，是否在于相信一个问题的肯定方面或否定方面呢?

海：两者都不信。因为凡是懂英语的人都知道怀疑指的是两者之间的悬置状态。

菲：那么，如果一个人否认某一点，就如同他以同样确信度来肯定这一点一样，不能说是怀疑这一点了。

海：确实如此。

菲：因此，有所肯定的人不是怀疑论者，而有所否定的人也不是怀疑论者。

海：我承认。

菲：那么，海拉斯，您为何因为我否定您所肯定的，即否定了物质的存在，就断言我是一个**怀疑论者**呢? 因为，您应该知道，我的否定如同您的肯定①是一样果断的。

海：且慢，菲洛奴斯，我刚才的定义稍欠缜密; 但

---

① 古代怀疑论基于这样的信念：相信一个命题的所有理由总是能够被配以同样好的不相信它的理由。因此，人们应当暂停信念，搁置判断，这种不关心真相的超脱态度意味着带来心灵的平静。而这里讨论的"怀疑论"指的是其现代意义：怀疑或否认信念的基本对象（如上帝或外部世界）的真实性。——译者

159

是，一个人在交谈中说错的每一句，对方也无须揪住不放。诚然，我说过，**怀疑论者**就是怀疑一切的人，但我还须加上：也指否认事物的真实性和真相的人。

菲：什么事物？您是指科学原理和定理吗？但是，您知道这些都是普遍的理智的观点，因此是独立于物质的；否认物质并不意味着否认这些原理和定理。

海：我承认这一点。不过就没有其他事物了吗？如果您不相信自己的感官，否认可感事物的真实存在，或者假装对它们一无所知，这样的人还不足以叫作**怀疑论者**吗？

菲：如果为您正确地认为，这样的人是最大的**怀疑论者**，那么我们来考察一下，我们当中谁否认了可感事物的真实性，谁声称对它们一无所知？

海：这正是我期望的。

菲：您用可感事物指什么呢？

海：指的是，通过感官感知的事物。您认为我还能指其他事物吗？

菲：请原谅我，海拉斯，我确实渴望理解您的观点，因为这可以大大地缩短我们之间的盘问。请允许我就此进一步向您提问。只有被直接感知的事物才是被感官感知的吗？还是被间接感知的事物或者有其他事物干预的事物也可以被说成是**可感的**？

海：我不大明白您所说的。

菲：在读一本书时，被直接感知的东西是字母，但是间接地或通过这些字母，向我的心灵暗示的事物是上

110

160

帝、德行、真理等观念。不错，这些字母是真正的可感物或被感官感知的东西，这没有疑问，但我想知道，您是否把这些字母所暗示的东西也看成是可感物。

海：当然不是。认为**上帝**或**德性**是可感物，那是荒谬的；虽然上帝或德行与可感符号有偶然联系，可以借助这些符号向内心指示和暗示出来。

菲：那么，您用**可感物**指的只是能被感官直接感知到的东西！

海：对。

菲：那么，结果不是说，虽然我看到天空一部分是红的、另一部分是蓝的，虽然我的理性明白地断言道，这些颜色的不同一定有其原因，但那个原因不能被说成是可感物或被视觉器官感知的吗？ 111

海：结果是这样。

菲：同样，虽然我听到不同的声音，但不能说我听到那些声音的原因。

海：是的，不能。

菲：当我凭触觉感知到一物是热的和重的时候，我不能真实地或稳妥地说：我感觉到它的热或重的原因。

海：为了避免您再提更多的类似问题，我索性全盘告诉您：我用**可感物**指的是只用感官感知的东西；实际上，感官感知不到没有直接感知的任何东西，因为感官不推理。因此，凡是根据只是被感官感知的结果和现象的原因推理或偶因推理，那纯属理性的事。

菲：那么，这一点是我们双方都同意的：**可感物只**

161

是被感官直接感知到的东西。您还须进一步告诉我，我们用视觉能否看到除光、颜色、形状以外的任何其他东西；或者用听觉能否听见除声音以外的东西，用味觉能否尝到味道以外的东西，用嗅觉能否闻到气味以外的东西，或者用触觉能否触摸到比有形性质更多的东西。

海：我们都不能。

菲：那么，您好像认为，如果去掉所有的可感性质，就没有剩余可感的东西了。

海：我承认这一点。

菲：因此，可感物不是别的，只是许多可感的性质或可感性质的集合体。

海：不是别的。

菲：那么，热是可感物吗？

海：当然是。

菲：可感物的真实性就在于被感知？或者，这种真实性是与可感物的被感知不同的、与心灵无关的东西？

海：存在是一回事，**被感知**是另一回事。

112　　**菲：**我只谈可感物。关于可感物我要问的是：您用它们的真实存在是否指的是外在于心灵的、与它们的被感知不同的存在（subsistence）？

　　海：我指的是真实的绝对存在者，它与可感物的被感知不同且毫无关系。

　　菲：那么，如果承认热是一种真实存在者，那它一定存在于心外。

　　海：一定。

菲：海拉斯，请告诉我，我们所感知的所有程度的热都是同样真实存在的吗？或者，我们有某种理由把真实存在归于某一程度的热，而否认其他程度的热是真实存在的？如果有这样的理由，那请您告诉我。

海：不论我们凭感官感知到热的何种程度，都可以确信，同一种热存在于引起热的对象中。

菲：什么，极热与温热是同一种热？

海：我告诉您，其理由在两者中显然都是相同的：它们都被感官感知，但是，更大程度的热被更明显地感知到；因此，如果它们之间有差别的话，那就是相对于较低热度的真实性我们更确信较高热度的真实存在。

菲：但是，最剧烈强度的热不是巨大的痛苦吗？

海：没人能否认。

菲：无知觉的事物能够感到痛苦或快乐吗？

海：当然不能。

菲：您的物质实体是无感觉的存在者，还是被赋予了感觉和知觉的存在者？

海：毫无疑问，它是无感觉的。

菲：那它不可能是痛苦的主体（subject）。

海：绝不可能。

菲：那么，它也不可能是感官感知到的最大热度的主体，因为您已承认最剧烈强度的热是不小的痛苦。

海：我承认。

菲：那么，关于您的外部对象，我们能说什么呢？它是否是物质实体？

113   **海**：它是物质实体，可感性质存在于其中。

菲：既然您承认高度的热不能存在于物质实体中，那它怎么又能存在于其中呢？我希望您澄清这一点。

海：打住，菲洛奴斯，我刚才说高强度的热是痛苦，恐怕是错了。似乎该这样说：痛苦与热是不同的东西，是热的后果或结果。

菲：当您把自己的手挨近火时，您所感知到的是一种单纯的、一致的感觉，还是两种不同的感觉呢？

海：只是一种单纯的感觉。

菲：热不是直接被感知到的吗？

海：是直接被感知到的。

菲：痛苦呢？

海：也是。

菲：那么，既然它们都是同时被直接感知到的，火只用一个单纯或非复合的观念影响您，那结论就是：这同一个单纯观念既是被直接感知到的高强度的热也是痛苦。因此，被直接感知的高强度的热与某种特殊的痛苦没有区别。

海：好像是如此。

菲：海拉斯，您再一次在自己的思想中试试，您能否想象一种没有痛苦或快乐的强烈感觉。

海：我不能。

菲：或者，您能否给自己形成一个从热、冷、味道、气味等每一个特殊观念中抽象出来的一般可感的痛苦或快乐的观念？

海：我发现我不能。

菲：那么结论不就是说，可感的痛苦在强度上与那些感觉或观念没有区别吗？

海：这是不能否认的。老实说，我开始怀疑：巨热只能存在于感知热的心里。

菲：什么！您现在也处于肯定与否定之间的犹豫不决的**怀疑**状态？

114

海：我想我可以肯定这一点。一个剧烈的令人痛苦的热不可能在心外存在。

菲：那么照您说，热没有真实存在了。

海：我承认。

菲：那么，可以肯定自然界不存在真正热的物体吗？

海：我不曾否认物体中存在真正的热，我只是说，不存在像剧烈的真正的热那样的东西。

菲：但您此前不是说过，所有程度的热都是同样真实（real）的吗？或者如果有差别，也只是高度的热比低度的热无疑更真实一些吗？

海：是的。但是，我那样说是因为我当时没有考虑到区分两者的根据，而现在我看清楚了。我的根据如下：既然高强度的热只是一种特殊的痛苦感觉，而痛苦只能存在于感知者中，那么其结论就是：任何高强度的热都不能真实地存在于无感知的有形实体中。但是，这不是我们否认低度的热在那样一个实体中存在的理由。

菲：但是，我们怎么能够区分只存在于心中的那些

165

程度的热与存在于心外的那些程度的热呢?

海:这不是什么难事。您知道,极小的痛苦不可能被无感知地存在,因此,能引起痛苦的不论何种程度的热,都只存在于心中。但是,关于所有其他程度的热,并没有什么逼迫我们认为它们也存在于心中。

菲:我想您此前承认过,任何无感知的东西都不能感到快乐,就如不能感到痛苦一样。

海:我承认过。

菲:那么,温暖,或者比引起不痛快的热的程度更温和的热,不是一种快乐吗?

海:那又怎样?

菲:结果是,它不能在心外存在于任何无感知的实体或物体中。

115 **海**:好像是如此。

菲:那么,既然不引起痛苦的热度连同能引起痛苦的热度,都只能存在于一个有思想的实体之内,我们怎么不可以断定说外部物体都绝对不能感到任何程度的热呢?

海:再次思索之后,我并不认为,温暖之为快乐有高热之为痛苦那样明显。

菲:我不敢妄称,温暖作为快乐与热作为痛苦其程度是一样大的。但是,如果您承认温暖是一种微小的快乐,那就足以证明我的结论了。

海:我应该叫它为**无觉**(indolence)。它似乎只是一种苦乐缺失的状态。我希望您不否认,这种性质或状态与无思想的实体是相符的。

菲：如果您执意认为，温暖或温和程度的热不是快乐，那我除了请您体会自己的感觉以外，不知道怎样说服您。不过，您认为冷怎样？

海：我认为与热相同。高强度的冷也是一种痛苦，因为感觉到太冷时，就感知到很不舒服：因此它是不能在心外存在的。但是，低度的冷与低度的热一样，可以在心外存在。

菲：因此，当物体触及我们的身体时，我们感知到中等程度的热，那物体之中必定有中等程度的热或温；而当物体触及我们的身体时，我们感觉到中等程度的冷，那物体之中一定被认为有冷。

海：一定是这样。

菲：任何一种学说如果必然把人引向荒谬，它还能是正确的吗？

海：毫无疑问，它不是。

菲：认为同一事物在同时既是冷的又是热的，这不荒谬吗？

海：荒谬。

菲：现在假设您的一只手是热的，另一只手是冷的，它们同时被放入同一盆不冷不热的水中，不是一只手觉得水冷、而一只手觉得水热吗？

海：是的。

菲：那我们还不应该根据您的原理得出结论说：水同时真的既是冷的又是热的吗？也就是说，按照您承认

116

167

的东西，这不是相信荒谬吗？

海：我承认好像是如此。

菲：因此，您的原理本身就是假的，因为您已经承认，任何正确的原理都不会导致荒谬。

海：但是说到底，说**火中不存在热**，还有比这更荒谬的吗？

菲：为了把这一点搞得更清楚，请告诉我，在两种完全相同的情况下我们不应该做出相同的判断吗？

海：应该。

菲：当针刺入您的手指时，它不是会把您的肉的纤维组织分割开吗？

海：会分割开。

菲：火炭烧您的手指时，它会更进一层吗？

海：不会。

菲：那么，既然您不把针引起的感觉本身或类似的东西判断为存在于针之内，那么按照您现在所承认的，您也不应该把由火引起的感觉或类似的东西判断为存在于火之内。

海：好吧，既然道理如此，那我也心甘让一步。我承认，热与冷只是存在于我们心中的感觉，但是还留有一些性质足以确保外部事物的真实性。

菲：不过，海拉斯，如果所有其他可感的性质，与热和冷是同样的情况，都不能被认为是存在于心外的，那您还要说什么呢？

海：如果那样，那您就为您的目标做了点什么啦；

不过，要证明这一点我看没什么希望。

菲：那我们按顺序来考察。您对味觉是怎么看的，它们是否存在于心外？

海：任何具有正常理智的人能够怀疑糖是甜的、艾蒿是苦的吗？ 117

菲：海拉斯，告诉我，甜味是否是一种特殊的快乐或快乐的感觉？

海：是的。

菲：苦味不是一种不舒服或痛苦吗？

海：是的，我承认。

菲：如果糖和艾蒿都是在心外存在的无思想的（unthinking）有形实体，那么甜和苦，即快乐和痛苦，怎么能同它们相符呢？

海：且慢，菲洛奴斯，我现在明白了一直有什么东西欺骗了我。您问我，热与冷、甜与苦是否是特殊种类的快乐与痛苦，对此我干脆回答说它们都是。然而，我应当这样来区分它们：那些性质作为被我们感知的东西是快乐或痛苦，但它们不存在于外部对象中。因此，我们不必绝对地得出结论说，火中没有热，或糖中没有甜；而只能说，热或甜，作为被我们感知的东西，不存在于火中或糖中。对此您要说什么？

菲：我想说这不管什么用。我们的谈话涉及的只是可感物，而您把可感物定义为**被我们的感官直接感知的事物**。所以，您所说的与这些事物不同的其他性质，我一无所知，而且它们与我们的争论点毫无关联。实际上，您可以假装说，您已经发现了您没有感知到的某些性质，并且断定那些不可感的性质存在于火与糖中。但是，这对您现在的目的究竟有何用处，我无法猜想。请您再告诉我一次，您是否承认热与冷、甜与苦（指被感官感知的那些性质）不存在于心外？

海：看来坚持下去达不到什么目的，所以我放弃刚才提到的那些性质的原因。尽管我认为，说糖不是甜的，听起来怪怪的。

菲：为了使您进一步满意，您还应当记住这一条：在其他时候似乎是甜的东西，在味觉失调时就显得是苦的。人人都明白地看到，不同的人在尝同一食物时感知到了不同的味道，因为一个人所喜欢的东西也许正是另一个人所厌恶的。如果味道真是内在于食物中的东西，这怎么可能发生呢？

海：我承认自己不知道是怎么回事。

菲：接下来，我们考察气味。关于这些气味，我想知道，我们就味道所说的东西是否是准确地符合它们的？各种气味不也是很令人愉快的或令人很不愉快的感觉吗？

海：是的。

菲：您能设想它们能够存在于一个无感知的（unperceiving）事物中吗？

海：我不能。

菲：或者您能想象，影响了野蛮动物的、野蛮动物自愿选择并靠其养活的污秽之物，我们与它们在其中感知到的气味是相同的吗?

海: 绝不相同。

菲: 那么, 我们不可以断言, 气味如同前面提到的其他性质一样, 只能存在于有感知的实体或心之内吗?

海: 我想可以。

菲: 关于各种声音①, 我们想到什么呢? 它们是否是真实内存于外部物体中的偶性呢?

海: 到此已经明白, 各种声音并不内存于发音物之内, 因为在排尽了空气的气泵接收器内打铃, 并不能发出声音。因此, 空气一定被认为是声音的载体。

菲: 这样说有什么根据吗, 海拉斯?

海: 因为当运动在空气中产生时, 我们感知到声音的大小与空气的运动成正比; 而没有空气中的运动, 我们根本听不到任何声音。

菲: 即使我们承认只有当运动在空气中产生时我们才能听到声音, 但我看不出您如何能据此推论出, 声音本身是在空气中。

海: 正是外部空气中的这种运动, 在心中产生了**声音**的感觉。因为这种运动敲击耳鼓时, 就引起了振动, 振动通过耳的神经传入大脑, 因此灵魂就受到了叫作**声音**的感觉的影响。

119

菲: 什么! 声音也是一种感觉?

_____

① 反对声音的策略与迄今为止使用的策略完全不同, 这是反对朴素实在论的因果论证。海拉斯的回应意味着在关于原始性质与次生性质区别的对话中, 首次使用了洛克的和当代科学的方式。——译者

海：我告诉您吧，声音被我们感知，它是心中的一种特殊感觉。

菲：任何感觉都能在心外存在吗？

海：当然不能。

菲：如果您用**空气**指的是在心外存在的一种无感觉的实体，那么声音既是一种感觉如何能在空气中存在呢？

海：菲洛奴斯，您必须区分被我们感知的声音和存在于自身中的声音，或者（这是同一回事）区分我们直接感知的声音与在我们之外存在的声音。前者的确是一种特殊的感觉，而后者仅仅是空气中的振动或波动。

菲：您在前面类似的例子中运用过这种区分，但我想我给出的回答已经消除了这种区分。我们不再说这个，您确定声音真的不是别的只是运动吗？

海：我确定。

菲：那么，凡是符合真实声音的一切东西按理都可以归于运动了。

海：可以。

菲：那么，说**运动**是一种**声高的、悦耳的、尖声的、低沉的**东西，也是合理的。

海：我看您是存心不理解我。那些偶性或方式只属于可感的**声音**，或普遍接受的这个词的声音，而不属于真正的和哲学意义上的**声音**，这不是很明显的吗？我刚才不是告诉过您，真正的和哲学意义上的声音，不是别的，只是某种空气的运动吗？

172

菲：那么，好像存在两种声音，一种是通俗的或被听到的，另一种是哲学的和真实的。

海：正是。

菲：后一种在于运动。　　　　　　　　　　120

海：我刚才告诉过您了。

菲：请告诉我，海拉斯，您认为运动的观念属于哪一种感觉？属于听觉吗？

海：不是，属于视觉和触觉。

菲：那么，随之而来的应当是：根据您的说法，真实的声音可以**被看到**或**触摸到**，但绝不能**被听到**。

海：瞧您，菲洛奴斯，如果您乐意您可以嘲笑我的观点，但这改变不了事情的真相。诚然我承认，就声音而言，您引导我得出了某种奇怪的论断；但是您知道，共同语言是由大众创立和使用的，因此我们不必感到奇怪：如果表达是适合严格哲学概念（notions）的，那就显得是粗鲁的、不妥的。

菲：能得到这个结果吗？我向您保证，虽然您轻易地偏离了常见的语言表达和观点，我想我自己则是获益不小。我研究的主要部分是，考察谁的意见是共同道路中最宽阔的，谁的意见是与世界的一般意识最相悖的。**真实的声音决不能被听到**，声音的观念是通过其他感官获得的，您能够认为这些说法只是哲学悖论吗？在这种观点中没有与事物的本性和真相相反的东西吗？

海：直率地说，我不喜欢这样的结论。我既然已经做出了几次让步，不妨再承认声音在心之外也没有真实的存在。

菲：我希望您毫无困难地承认颜色也是如此。

海：请原谅，颜色的情况 ① 非常不同。我们在对象上看到颜色，这不是更清楚的吗？

菲：我猜想，您所谈的对象是在心外存在的有形实体（corporeal substances）。

海：是的。

菲：它们之中内存了真正的和真实的颜色？

海：每个可见对象都有我们在其上所看见的那种颜色。

菲：怎么？除了我们用视觉感知的东西外还有可见的东西？

121　海：没有。

菲：那么，除了我们用感官直接感知的东西，还能感知到其他东西吗？

---

① 反对颜色的策略是来自幻觉的论证，重点是强调"不真实"颜色的产生。比如，山间幻影般的紫色和天空蔚蓝，以及在微观感知下的色彩差异。牛顿关于棱镜和光的实验是在贝克莱写《对话》大约五十年之前进行的。牛顿 1665 年毕业于剑桥大学的三一学院，次年伦敦发生了瘟疫，牛顿为了躲避瘟疫，回到了乡下的老家。在这段时间里，他独立完成了几项具有划时代意义的工作：发明了微积分，完成了光的分解实验分析，万有引力的提出。当时大家都认为，白光是一种纯粹的没有其他颜色的光，而有色光是一种不知何故发生了变化的光（亚里士多德的理论）。为了验证这个观点，牛顿把一面三棱镜放在阳光下，透过三棱镜，光在墙上被分解为不同的颜色，这就是"光谱"。人们都知道彩虹是五颜六色的，但他们认为那是因为不正常才出现的。牛顿的结论是：正是这些红、橙、黄、绿、蓝、靛、紫的基础色有不同的色谱，才形成了表面上颜色单一的白色光。——译者

海：难道我有义务经常重复同样的东西吗？我告诉您，不行。

菲：耐心点，好，海拉斯。您再告诉我一次，除了可感性质，是否还存在被感官直接感知的东西。我知道您断言过：不存在，但是我现在想知道，您是否还坚持同样的观点。

海：我坚持。

菲：拜托，您的有形实体是一种可感性质、还是由诸多可感性质构成的？

海：这是什么问题！谁会这样想呢？

菲：我这样问的理由是，因为您说**每个可见对象都有我们在其上所看见的那种颜色**，那您就把可见对象变成了有形实体。而这就意味着，或者有形实体是可感性质，或者在视力感知的可感性质之外还存在某种东西；但是，如下这一点是我们在前面都同意的，而且被您一直坚持的，这是一个明确的结论：您的有形实体与可感性质并无区别。

海：您如果乐意尽可以得出许多荒谬的结论，并且尽力把最简单的事情复杂化，但是您决不能劝诱我失去理智。我清楚地理解我自己的意思。

菲：我希望您也使我理解您的意思。但是，既然您不愿意使您的有形实体的观念接受考察，我就不再进一步强调这一点。只是请您告诉我，我们所看见的同样的颜色在外部物体中存在，还是其他颜色在其中存在。

海：我们所看见的同样的颜色。

菲：什么？我们在那边的云中看到的漂亮的红色和紫色是真实地存在于云当中的？您是在想，它们在自身中除了灰暗的薄雾或水蒸气还有其他形式吗？

海：我必须承认，菲洛奴斯，在此处远观所见的那些颜色不是真实地存在于云中的，它们只是显现出来的（apparent）颜色。

菲：您把它们叫作显现出来的？那我们怎样把这些显现出来的颜色同真实的颜色区分开来？

海：这很容易。被认为是显现出来的颜色，只是在远距离中呈现出来的，当我们靠近时它们就消失了。

菲：那么，我想被认为是真实的颜色，就是那些靠得最近时、被准确观察所发现的颜色。

海：正确。

菲：这种靠得最近的、最准确的观察是借助显微镜还是借助肉眼形成的呢？

海：借助显微镜，毫无疑问。

菲：但是，显微镜在一个对象中所发现的颜色通常不同于单凭肉眼的视力所感知的颜色。如果我们用显微镜把对象放大到任何指定的程度，可以肯定的是，任何通过它们观察的对象所显示的颜色都与它展示给肉眼的颜色不同。

海：从这些话中您要得出什么结论呢？您不能论证说，在对象上面实际上和本性上没有颜色，因为通过人工的安排，它们可能被改变或消失。

菲：我认为从您的承认中显然可以得出这样的结

论：我们用自己的肉眼看到的所有颜色，都只是如它们在云上所显现的那样，因为当我们借助显微镜做更近、更准确的观测时它们就消失了。那么，关于您为了预防起见所说的话，我问您：一个对象的真实的、自然的状态，是用敏捷、敏锐的视力来发现好呢，还是用不那么敏锐的视力来发现好呢？

海：毫无疑问，前者发现的状态更好。

菲：显微镜使视力更具穿透性，把对象表现为它们对眼睛（假如眼睛天生被赋予了极度的敏锐性的话）所显示的那样，从**曲光学**来看这不是很明显的吗？

海：是的。

菲：因此，显微镜的再现（representation）被认为是最好地表现了那一事物的真实本性或它自身的东西。通过显微镜被感知的颜色，是比通过其他方式感知的颜色更真实、更实在的。

123

海：我承认，有些东西如您所说。

菲：此外，不只是可能而且很明显的是，实际上有些动物，它们的眼睛是自然形成用以感知由于其微小性逃过了我们的视觉的那些事物的。对于通过显微镜感知到的那些难以想象的小动物您怎么看？我们必须假设它们完全是隐蔽的吗？或者能否想象这样的情况：它们的视力在防止其身体受伤害方面与所有其他动物的视力所显示的用处是相同的？而且如果有相同用处的话，它们必定会看到比它们自己的身体小的微粒，这些微粒在每一对象上给它们呈现的视图与对象刺激我们的感官时所

177

产生的视图完全不同，这不是很明显的吗？即使是我们自己的眼睛，也不总是按照同样的方式把对象呈现给我们。在患黄疸病的情况下，每个人都知道，所有东西看起来都是黄的。因此，我们在那些动物的眼睛中发现的结构非常不同于我们的眼睛的结构，它们的身体具有丰富的不同的体液，在每一对象中那些动物看到的颜色都与我们看到的颜色不同，这不是非常可能的吗？根据所有这些来看，所有颜色都同样是显现出来的，我们所感知的任何一种颜色都不是真实内在于任何外部对象中的，难道不应该得出这样的结论吗？

海：应该。

菲：这一点经得起所有的怀疑。如果您考虑到，在颜色是内在于外部物体中的真实性质或特性的情况下，它们不容许有改变，没有形成在物体自身中的某种变化。但是，从所说的东西来看，基于显微镜的使用，基于眼睛中体液发生的变化或距离的改变，事物自身没有任何真实的改变，而任何对象中的颜色要么变化了，要么全部消失了，这不是很明显的吗？相反，如果所有其他的情况仍然是相同的，而某些对象的情况变化了，那它们将对眼睛呈现不同的颜色。在光的不同程度中观看一个对象时会发生同样的事情。同样一些物体在烛光中呈现的颜色不同于它们在露天中呈现的颜色，这不是众人皆知的吗？此外还有棱镜的实验，棱镜把异质的（heterogeneous）光线分开，改变了任何对象的颜色，使得雪白色对裸眼呈现为深蓝色或深红色。那么，您现

124

在告诉我，您是否还是这样的意见：每一物体在自身都有其真正的真实颜色。如果您认为它有，那我还愿意请教：对于确定那种真正的颜色、把真正的颜色与显现出来的颜色区分开来而言，对象的什么距离和位置、眼睛的什么特殊组织和构造、光线的什么程度和种类是必需的？

海：我坦白，自己完全相信所有颜色都同样是显现出来的，在外部物体中没有真实地存在像颜色那样的东西，颜色完全是在光中。在这一点上我确定的是，颜色鲜艳的多寡与光成正比；如果没有光，就没有颜色被感知。此外，假设了外部对象上存在颜色，那我们怎么可能感知到它们？因为任何物体都不能影响心灵，除非它首先对我们的感觉器官行动。但是，物体的唯一行动是运动，而运动不能通过冲力以外的方式来交流。因此，一个远距离的对象既不能对眼睛行动，也不能使它自己或它的性质为灵魂所感知。由此可以明白地说，它直接就是某种邻近的实体，它作用于眼睛，引起了颜色的知觉：这就是光。

菲：怎么？光是一种实体？

海：我告诉您，菲洛奴斯，外部的光不是别的，只是一种稀薄的流动的实体，它的微小粒子随轻快的运动而搅动，从外部对象的不同表面到眼睛以许多方式被反射出来，它们把不同的运动传递到视觉神经，然后这些运动被传达到大脑，在大脑中引起了各种印象：这就是出现的红色、蓝色、黄色等颜色的感觉。

125

菲：那么，光似乎只是震动了视觉神经。

海：再没别的。

菲：每一种特殊的视觉神经的运动所引起的后果是：心灵被一种感觉所影响，这种感觉就是某种特殊的颜色。

海：对。

菲：那些感觉在心外不存在。

海：不存在。

菲：既然您把光理解为存在于心外的一种有形实体，那您怎么确定颜色是在光中呢？

海：我承认，光和颜色作为被我们直接感知的东西，不能在心外存在。但是在它们自身，它们只是某种无知觉的物质粒子的运动和形态。

菲：那么，颜色在通俗意义上或者被作为视觉的直接对象时，就只能与能感知的实体一致了。

海：这就是我要说的。

菲：好的。关于那些可感性质——全人类认为它们只是颜色，既然您放弃了自己的观点，那您可以就哲学家们的那些不可见的性质主张您乐意的观点。就这些性质进行争辩，那不是我的事，我只是劝您考虑一下，要慎重地确定，**我们所看到的红色和蓝色不是真实的颜色，而是某些人们从未见过或不能看见的不可知的运动和形状**，您考虑一下我们所进行的研究，是否真的如此。这些不是令人惊骇的观念吗？不是容易引起许多荒谬的推理，就像此前在声音的情况下您被迫放弃的那些推理吗？

    海：我坦白地承认，菲洛奴斯，再坚持下去是徒劳的。颜色、声音、味道，总之，所有那些叫作次生的性质，都肯定不在心外存在。但是，一定不能因为我承认了这个，就认为我减损了物质或外部对象的真实性。尽管有些哲学家也主张这样的观点，但他们离否认物质还非常遥远。为了更清楚地理解这一点，您必须知道，可感性质被哲学家分成了**原始的**和**次生的** *(primary and secondary)*。前者是广延（extension）、形状（figure）、坚固性（solidity）、重力（gravity）、运动（motion）和静止（rest）。他们主张这些性质真实地存在于物体中。后者是上面列举过的性质，或者简单点说，是除原始性质以外的所有可感性质，他们断言，这些可感性质只是在心中而不能在其他地方存在的众多感觉或观念。我不怀疑，所有这些您都已经知道了。就我自己来说，我长时间来一直觉得这是哲学家中的流行观点，但是直到现在才真正相信它的真理性。

126

    菲：那么，您还是这样的观点：广延和形状是内存于外部的无思想的实体中的。

    海：是的。

    菲：但是，如果被用于反驳次生性质的那些论证，也被认为可用来反驳原始性质呢？

    海：那我不得不认为，它们也只存在于心中。

    菲：您用感官感知的真实的形状和广延，在外部对象或物质实体中存在，这是您的观点吗？

海：是的。

菲：所有其他动物也有充分的根据认为，它们看到和触摸到的形状和广延是在外部对象中存在的吗？

海：假如它们有思想的话，毫无疑问会那样想。

菲：回答我，海拉斯，您想一想，被赐予所有动物的那些感官，是用于它们的自保和生活中的舒适吗？还是为此目的这些感官只给予了人呢？

海：我毫不怀疑，这些感官在所有其他的动物身上有同样的用处。

菲：如果是这样的话，它们必然能够通过那些感官感知自己的肢体、感知那些可能伤害它们的物体吗？

海：肯定能。

127　　**菲**：因此，一只螨虫必定被认为能看到自己的腿，能看到与它一样大甚至更小的东西，就好像它们是有相当大尺寸的物体一样，尽管在同时它们向您显示的是几乎不可识别的或者至多是仅仅可见的点。

海：这我不能否认。

菲：比这只螨虫更小的那些动物，看那些东西似乎也更大。

海：是的。

菲：您很难识别的东西，对另一个极小的动物而言，就显得是一座巨大的山。

海：我完全承认。

菲：同一个东西自身在同时能够具有不同的尺寸吗？

海：这样想很荒谬。

菲：但是，从您所讲的东西来看可以得出：您所感知的广延和螨虫本身所感知的广延这两者，与更小的动物所感知的所有广延相同，其中的每一个都是那只螨虫的足的真实广延；也就是说，您被您自己的原则引向了荒谬。

海：在这点上似乎存在困难。

菲：还有，您不是承认过，任何对象的真实的内在性质，在该物本身没有变化的情况下都不能被改变吗？

海：我承认过。

菲：但是，当我们靠近一个对象或从其后退时，它的可见的广延会发生变化，在一个距离之下要比在另一个距离之下大十倍或一百倍。由此不是同样能得出结论说，广延不是真实内在于对象中的吗？

海：我承认对所思的东西不知所措。

菲：如果您愿意冒险对这种性质做自由的思考，就像您对次生性质所做的那样，那您的判断很快就会确定。您已经承认，热或冷都不在水中，因为它对一只手似乎是温暖的、对另一只手似乎是冷的，这不是一个很好的论据吗？

海：是的。

128

菲：我们得出结论说，在对象中不存在广延或形状，因为对一只眼睛来说，它看起来是小的、平坦的、圆的，而在同时它对另一只眼睛呈现的是大的、不平

183

的、带棱角的。——这不也是完全相同的推理吗?

海: 是完全相同的。但是,后一种事发生过吗?

菲: 任何时候您都可以做这样的实验:一只眼睛裸眼看,而另一只眼睛通过显微镜看。

海: 我不知道怎样为这种观点辩护,但我不愿放弃**广延**,因为做了这样的让步我会看到许多奇怪的结论跟着而来。

菲: 您说奇怪? 既然您做出了让步,我希望您不会因为它的奇怪性质而什么都不做①。但是从另一方面来看,如果包括了所有其他可感性质的一般推理也不包括广延的话,这不是看起来就非常奇怪了吗? 如果承认观念或观念的类似物都不能在**无感知的**实体中存在的话,那么可以肯定得出的结论是:我们能够感知或想象的或者对其有观念的形状或广延的方式,都不能真实地内存于物质中;更不必提及在设想物质实体——它先于和区别于广延,是广延的**基础**(substratum)——时必定存在的特殊困难。这种可感性质不论是什么东西,是形状或声音或颜色,说它应该存在于不感知它的东西中,这似乎同样是不可能的。

海: 我现在就放弃这一点,但仍然保留我的权利,此后我若发现在向这一观点前进的过程中有一步是虚假的,我会撤销我的观点。

菲: 我不能否认您有这种权利。处理了形状和广延

---

① 这一句是前两个版本(A 版和 B 版)中讨论的范围,其余部分是 C版中增加的。——译者

之后，我们接下来谈**运动**。外部物体中的真实运动能够同时既很快又很慢吗？

海：不能。

菲：一个物体运动的快慢不是与经过任何给定空间所花费的时间成反比的吗？于是，一小时内经过一英里的物体，其运动速度是三小时内只经过一英里的物体的运动速度的三倍。

海：我同意您说的。

129

菲：那时间不是由我们心中观念的连续来测量的吗？①

海：是的。

菲：那么，观念在您心中前后相继的速度，不是比在我的心中或在另一种类的精神的心中前后相继速度快两倍吗？

海：我承认，是这样。

菲：因此，同一物体在空中运动时所花的时间，他人感知的时间只是您感知的时间的一半。同样的推理对任何其他比例也有效。也就是说，按照您的原则（因为被感知的运动两者都是真实存在于那个对象中的），同一个物体以相同的方式在同时真实地运动：既很快又很慢。这与常识或与您刚才承认的东西怎么一致呢？

海：对此我无话可说。

菲：至于坚固性，或者您用这个词不是指任何可感

---

① 参见《人类知识原理》第98节对时间的论述。——译者

性质，这样它就不是我们要研究的；或者您如果指的是可感性质，那它一定是坚硬性或抵抗力。但是，这两者显然都是相对于我们的感官而言的：很显然，对一种动物来说似乎是坚硬的东西，对另一种拥有更大力量和强健四肢的动物就可能显示为柔软的。这不是很明显的吗：我感知的抵抗力不在物体中。

海：我承认，对抵抗力（阻力）的真实感觉完全是您直接感知到的，不在**物体**中，但这种感觉的原因是在物体中。

菲：然而，我们感觉的原因不是被直接感知的东西，因此是不可感的。我想这一点已经确定下来了。

海：我承认已经确定了；但请您原谅，我似乎有点尴尬，我不知道怎样放弃我的旧观念。

菲：为了帮助您走出尴尬，您只需考虑到，如果广延曾经被承认在心外不存在的话，那必须承认运动、坚固性和重力也是同样的，因为它们显然都是以广延为前提的。因此，特别去研究其中的每一个，那是多余的。否定了广延的真实性，您就已经否定了它们全部有任何真实的存在。

海：我很好奇，菲洛奴斯，如果您说的是对的，那为什么否认次生性质有任何真实存在的哲学家要把真实存在归于原始性质呢？如果它们之间没有区别的话，这又怎么解释呢？

菲：对哲学家的每一种观点做出解释不是我的事情。但是，在用来解释这一点的其他理由中，有一种似乎是这样的：快乐和痛苦是附着在次生性质而不是原始性质之上的。热与冷、味道与气味，比起广延、形状和运动的观念，有更生动的令人愉快或令人讨厌的东西在影响我们。痛苦或快乐能够存在于无感知的实体中——这样的主张显然也是荒谬的，所以相比原始性质，人们更不容易相信次生性质的外部存在。在下面的事实中有某种东西会使您感到满意的：您回想一下您在强度的热和中度的热之间作出的区别，允许一种真实存在而否认另一种真实存在。但是，归根到底，这种区别没有什么合理的根据；因为无差别的感觉（indifferent sensation）如同令人愉快或令人痛苦的感觉一样，也是一种真实的**感觉**，因此，绝不能设想它们存在于无思想的主体中。

海：菲洛奴斯，我刚刚想到，我在某处听到过绝对广延（absolute extension）与可感广延之间的区别。虽然应承认，**大**与**小**，仅仅是存在于其他有广延的东西与我们自己身体部分的关系中，不是真实地存在于实体自身中的；然而，并无什么东西逼迫我们对**绝对广延**也持同样的观点，绝对广延是从**大**与**小**、从这种或那种特殊的尺度或形状中抽象出来的东西。运动也是如此，**快**与**慢**完全是相对于我们自己心中的观念的连续而言的。但是，不能由此得出：既然运动的变状（modifications）不在心外存在，从它们之中抽象出来的绝对运动也不在 131 心外存在。

菲：求您回答一下，是什么东西把一种运动同另一种运动区分开来？或者把广延的一部分同另一部分区分开来？难道不是可感的东西吗？不是某种程度的快或慢或专属于每一广延的某种大小或形状吗？

海：我想是的。

菲：因此，被除去了所有可感特性的那些原始性质，如经院学者所称的那样，就没有一切种差和数差了。

海：是的。

菲：也就是说，它们是一般的广延、一般的运动。

海：就是这样。

菲：但是，普遍接受的至理名言是：**任何存在的事物都是特殊的**，一般运动或一般广延怎么能够存在于有形实体中呢？

海：我要花点时间来解决您的难题。

菲：但是，我想这一关键问题可以很快确定下来。毫无疑问，您能告诉我，您是否能够形成这一个或那一个观念。现在，我想和您争论这个问题。如果您能够在您的思想中形成一个清晰的运动或广延的抽象观念，它被剥去了所有那些可感的方式，如快与慢、大与小、圆和方等等 ①——这些东西被承认是只存在于心中的，那我就在您为之争辩的这个关键问题上向您屈服。但是，如果您不能，您还要坚持您对其没有观念的东西，那就是不合理的。

---

① 批判抽象的一般观念，是贝克莱反对物质学说的方法论基础。他的《人类知识原理》的"导论"的主题就是批判"抽象观念"。——译者

海：坦白说，我不能。

菲：您能够把广延观念和运动观念，同作此种区分的人叫作**次生性质**的所有那些性质的观念分开来吗？

海：什么？就广延和运动自身来考虑，把它们从所有其他可感性质中抽象出来，这不是很容易的事吗？请告诉我，数学家是怎样处理它们的？

菲：我承认，海拉斯，在形成关于这些性质的一般命题和推理时不提及其他性质，这并不难，在此意义上，抽象地考虑和论述它们也不难。但是，怎么能由此得出：因为我能够断言**运动**一词本身，我就能在我心中形成排除了物体的运动观念？或者因为无须提及大或小或任何其他的可感方式或性质，就可以形成广延和形状的定理？这种没有任何特殊尺寸或形状或可感性质的抽象的广延观念，能够被清楚地形成、被心灵理解吗？数学家们在处理量时，无须考虑一同出现的其他可感性质，这些性质对他们的证明来说是无关紧要的。但是，当把这些词放在一边，他们沉思这些赤裸裸的观念时，我相信您会发现，它们不是纯粹抽象的广延观念。

海：但是，您要对**纯粹理智**（pure intellect）说什么呢！抽象观念不可以由这种才能来形成吗？

菲：既然我根本不能形成抽象观念，那么很明显，我不能借助**纯粹理智**来形成它们，不论您用这些词理解的是什么才能。此外，不必研究纯粹理智及其精神对象，像**德性**、**理性**、**上帝**等；因此看起来更明显的是，可感物只是被感官感知的，或被想象力所再现的。所

132

189

以，形状和广延是原始地被感官感知的，不属于纯粹理智。但是为了使您更满意，您试一试，您能否形成从所有特殊的尺寸或甚至从所有其他可感性质中抽象出来的形状的观念。

海：让我想一会儿——我发现不能。

菲：那您能认为，一个在其概念中包含了悖论的东西可以真实地存在于自然界吗？

海：决不能。

菲：因此，甚至对心灵来说，既然不可能把广延和运动的观念同所有其他可感性质分开来，那不是就能说，一方只要存在另一方同样也必然存在吗？

海：似乎应该如此。

菲：结果是，您所承认的用来反对次生性质的那些相同的结论性论据，在用来反对原始性质时也是无力的。此外，如果您相信自己的感官，那么，所有可感性质是共同存在的或对感官存在的，它们出现在同一个地方，这不是很明白的吗？它们再现的是被去除了所有其他可见性质和可触性质的运动或形状吗？

海：对此您无须再说了。我愿意承认，如果在我们迄今的论辩过程中没有隐藏的错误或疏忽的话，所有可感性质都同样被否定在心外存在。但是我担心的是，我在前面的让步中太随便了，或是忽视了某种谬论。简言之，我没有花时间来思考。

菲：关于这事，海拉斯，如果您乐意您可以花点时间来回顾一下我们研究的过程。您可以自由地恢复您可

133

能提出过但溜掉了的意见，或者提供您遗漏了的、用于
表达您最初观点的东西。

海：我要指出的一个大的疏忽是，我没有充分地把
对象同**感觉**区分开来。尽管后者在心外不能存在，但不
能由此说前者不在心外存在。

菲：您指什么对象？感官的对象吗？

海：这是同一个东西。

菲：那它就是被直接感知的。

海：对。

菲：请让我了解被直接感知的东西与感觉之间的
差异。

海：我把感觉看成是心灵感知的一种活动，除此之
外还有某种被感知的东西，我把它叫作**对象**。例如，郁
金香上面有红色和黄色。但是，感知那些颜色的活动只
在我之中，而不是在郁金香中。

菲：您说的是什么郁金香？是您所看到的吗？

海：两者是相同的。

菲：除颜色、形状和广延外您还看到了什么？

海：什么也看不到。

134

菲：那么您是说，红色、黄色与广延是共存的，是
不是？

海：不止如此。我还要说，它们在心外、在某种无
思想的实体中有真实的存在。

菲：我看到颜色真实地存在于郁金香中，这是显而
易见的。也不能否认，郁金香可以独立于您的心或我的

心而存在。但是，感官的任何直接对象，即任何观念或观念的组合，在一个无思想的实体中存在或外在于所有心而存在，这种说法本身是明显的矛盾。我也不能想象，从您刚才所说的如何能得出这样的结论：您知道红色和黄色在您**看到的**郁金香上，因为您不能假装说您**看到**了那个无思想的实体。

海：您用一种巧妙的方式，菲洛奴斯，来转移我们对这个主题的追问。

菲：我知道您不愿意被强迫这样做，那我们回到您对**感觉**与**对象**的区别上来。如果我对您的理解是对的，那您是在每一知觉中区分了两样东西，一样是心的活动，另一样不是。

海：对。

菲：您是说，心的活动不能存在于或不属于任何无思想的事物，但是，知觉中所包含的其余部分却是可以的。

海：这正是我的意思。

菲：于是，如果存在不带心活动的知觉，那这种知觉很可能存在于一个无思想的实体中。

海：我承认，但是不可能有这样的知觉。

菲：什么时候心被说成是主动的？

海：当它产生、结束或改变事物的时候。

菲：离开意志的活动，心能够产生、终止或改变事物吗？

海：不能。

菲：因此，只要知觉中包含了意欲，心在其知觉方面就被认为是主动的。

海：是的。

菲：在采摘这朵花时，我是主动的，因为我是靠手的动作来做的，而手的动作是我的意欲的结果；我把花靠近鼻子时也是如此。但是，这些动作中有闻的动作吗？

海：没有。

菲：我通过鼻子吸空气的活动也是主动的，因为我的呼吸而非其他东西是我的意欲的结果。但是，这不能叫作闻，因为如果这是闻的话，那我每次以这种方式呼吸时都在闻。

海：正确。

菲：于是，对所有这些活动来说闻是一种结果。

海：是的。

菲：但是，我发现我关心的意志没有得到更进一步的说明。更进一步的问题是，当我感知到这样一种特殊气味或任何一种气味时，它是独立于我的意志的，我在这里是完全被动的。您发现了相反的东西吗，海拉斯？

海：没有，完全相同。

菲：那么，再说看的动作。睁开眼睛、闭上眼睛，把眼睛转向这边或那边，不是您的能力之内的事情吗？

海：毫无疑问，是的。

菲：但是，您在看这朵花时感知到**白色**而非其他颜色，这同样取决于您的意志吗？或者，您把睁开的眼睛朝向天上的那边，您能避免看太阳吗？或者，明或暗是您的意志的结果吗？

海：当然不是。

菲：那么，在这些方面您是完全被动的。

海：是的。

菲：现在告诉我，看的动作是在于感知光和颜色，还是在于睁开和转动眼睛？

海：毫无疑问，在于前者。

136　　**菲**：那么，既然您在感知光和颜色时是完全被动的，那您所谈到的那种主动活动作为每种感觉中的成分变成什么东西了呢？从您自己承认的东西中不是可以得出结论说，对光和颜色的知觉——其中不包含活动——可以存在于一个无感知的实体中吗？这不是明显矛盾的吗？

海：对此我不知道该思考些什么。

菲：此外，既然您在每一知觉中区分了**主动**的部分与**被动**的部分，那您在痛苦的知觉中也必须这样区分。但是，痛苦，如您所愿几乎不是主动的，它怎么可能存在于一个无感知的实体中呢？简言之，考虑到这点，就必须真诚地承认，光和颜色、味道、声音等，是否全都不是灵魂中的被动作用或感觉。诚然，您可以把它们叫作**外部对象**，在语词中给予它们您乐意的什么存在。但是，考察一下您自己的思想，然后告诉我，真实情况是不是如我所说的？

海：我承认，菲洛奴斯，在公正地观察了我心中流逝的东西之后，我发现不了其他东西，只发现我是一个思维的存在者，受到各种感觉的影响；也不能设想一种感觉怎样存在于一个无感知的实体中。但是，从另外一方面说，当我在不同的视角中看到可感物、把它们看成是如此多的方式和性质的时候，我发现必须假设一种物质**基础**，没有这种基础它们就不能被设想为存在的。

菲：您把它叫作**物质基础**（Material substratum）？请您告诉我，您是通过何种感官知道那种存在者的？

海：它本身不是可感的，只有它的方式和性质被感官感知。

菲：那么我猜想，您是通过反思和推理获得了它的观念。

海：我不假装对它有任何严格的积极观念。然而，我断定它存在，因为不能设想没有支撑者而性质存在。

菲：那么，您似乎对它只有一个相对的概念，或者您设想它不是其他东西，只能设想它与可感性质有关系。

海：正确。　　　　　　　　　　　　　137

菲：那么，请让我知道，那种关系存在于何处。

海：它不是充分表达在**基础**或**实体**这个术语中吗？

菲：如果那样的话，**基础**这个词应该是指，它在可感性质或偶性下面伸展开来。

海：正确。

菲：也就是在广延下面。

海：我承认。

菲：因此，从其本性来说，它是完全不同于广延的东西。

海：我告诉您，广延只是一种方式，而物质是支撑方式的东西。被支撑者不同于支撑者，这不是很明显的吗？

菲：那么，您所假设的作为广延的**基础**的东西，是不同于广延、排除了广延的东西。

海：正是如此。

菲：回答我，海拉斯，一物能够无广延地伸展吗？或者，广延的观念不必被包含在伸展中吗？

海：必须被包含。

菲：因此，您假设的在任何东西下面伸展的东西，它自身必定有其广延，此广延不同于它上面的那一物的广延。

海：必定有广延。

菲：结果是，每一有形实体是广延的**基础**，它在自身必定有另一广延——凭借这一广延它才有资格成为**基础**，如此下去，直至无穷。我要问的是，这本身不是荒谬的吗？不是与您刚才承认的东西——**基础**与广延是不同的、并排除了广延的东西——相悖的吗？

海：哎，菲洛奴斯，您误会我了。我并不是说，物质在通常的字面意义上是在广延之下**伸展**的。**基础**这个词一般只用来表达与**实体**相同的东西。

菲：那好，我们来考察一下包含在**实体**这个术语中的关系。它不是指站立在偶性之下的东西吗？

138

196

海：正是。

菲：但是，可以在另一物下面站立或支撑另一物的东西，它本身必须要有广延吗？

海：必须要。

菲：那么，这种实体的假设不是与基础的假设同样荒谬吗？

海：您还是用死板的字面意义来解释，这不公平，菲洛奴斯。

菲：我不是要把任何意思强加在您用的词中，您可以乐意地自由解释它们。我只是恳求您，让我用它们来理解某种东西。您告诉我，物质支撑偶性或站在偶性之下吗？怎么？就像您的双腿支撑您的身体吗？

海：不是，那是字面意思。

菲：请让我知道您在其中理解的意思，不论是字面的还是非字面的。为了这个答案我还要等多久呢，海拉斯？

海：我声明，我不知道说什么。我曾经认为，我充分理解了物质支撑偶性指的是什么。但是现在，我对其思考越多，就越不能理解。简言之，我发现对它一无所知。

菲：您似乎对物质根本就没有观念，既无相对的观念也无积极的观念。您既不知道物质本身是什么，也不知道它与偶性有什么关系。

海：我承认是这样。

菲：您还断言过：如果不同时设想性质或偶性的物

197

质支撑者，您就不能设想它们是怎样真实存在的。

　　海：我说过。

　　菲：也就是说，当您设想性质的真实存在时，您一定还要设想您不能设想的某种东西。

　　海：我承认这是错误的。但是，我担心这里也有某种谬见。请告诉我，对此您想到什么？刚才出现在我脑海里的是，我们所有错误的基础就在于，您依据每一种性质自身来论述它。现在我承认，每一种性质不能单独在心外存在。没有广延颜色不能单独存在，没有其他可感性质形状也不能单独存在。但是，既然几种性质合为一体或混合起来，形成了完整的可感事物，那为什么不可以设想这些可感事物在心外存在呢？

　　菲：海拉斯，您不是开玩笑，就是记忆力太差了。事实上，虽然我们根据名称依次考察了所有性质，但是，我的论证或者您的承认，没有在任何地方证明过：每一种次生性质靠它自身不是单独存在的，而是它们**根本**不在心外存在。实际上，在论述形状和运动时，我们得出结论说，它们不能在心外存在，因为在思想中当设想它们是自己存在的时候，甚至不可能把它们同所有的次生性质分开来。而且，这不是这种场合所利用的唯一论据。但是（如果您愿意，您可以把我们迄今所说的东西全部作废），我愿意在此问题上提出我的全部观点：如果您能够设想性质的任何混合物或组合，或任何可感的对象，能够在心外存在的话，那我就承认它实际上是那样的。

139

海：如果到了这一步，关键问题很快就会确定了。设想一棵树或一栋房子靠自己存在，独立于任何心灵、不被任何心灵感知而存在，这不是很容易的吗？我现在就设想它们是按照这种方式存在的。

菲：海拉斯，您怎么能说您能够看见一个同时没有被看见的东西呢？

海：不能，那是矛盾的。

菲：谈到**设想**一种**不能设想**的东西，这不同样是一个巨大矛盾吗？

海：是矛盾的。

菲：因此，您所想到的树或房子是被您设想的吗？

海：怎么，还会有其他的吗？

菲：被设想的东西，确定是在心中。

海：毫无疑问，它是在心中被设想的。

菲：那您怎么说，您设想了一栋房子或一棵树独立于所有心并在所有心外存在呢？ 140

海：我承认这是一个疏忽。但是，等一会儿，让我思考一下是什么东西把我引入了其中。这是一个令人愉快的错误。当我想到一个偏僻地方的一棵树，没有人出现在那里看它，于是我想，应该设想这棵树是没有被感知或被想到而存在的，但我没有考虑到，我自己在整个期间都在设想它。现在我明白地看到，我能做的一切，就是在我自己的心中形成观念。实际上，我可以在我自己的思想中设想一棵树的观念，或一栋房子的观念，或一座山的观念：这就是一切。而这不能证明：我能够设

199

想它们存在于所有精神的心外。

菲：那么您承认，您不能设想，任何一个有形的可感物怎么会在心外的其他东西中存在。

海：我承认。

菲：而您还在认真地争辩，您几乎不能设想的东西的真相。

海：我也明白自己不知道在想什么，但我还有一些疑虑。我远距离看东西，这是不确定的吗？例如，我们不是感知到星星与月亮离我们很远吗？这对感官来说不是很明显的吗？

菲：您在睡梦中不是也感知到那些东西或类似的对象吗？

海：是的。

菲：它们不是同样显示为距离很远的吗？

海：是的。

菲：但是，您不会因此得出结论说睡梦中的幻影在心外吧？

海：绝不会。

菲：因此，您不该根据可感对象的被感知的外表或方式得出结论说，可感对象在心外。

海：我承认这一点。但是，在那些情况中我的感官不是欺骗了我吗？

141　　菲：绝对没有。无论是感官还是理性都没有告诉您，您直接感知到的观念或事物实际上存在于心外。凭感官，您只知道您受到了光、颜色等的感觉的影响，而您不会说这些东西是在心外。

海：真是这样，但除此之外您不认为视觉暗示了具有**外部性**或**距离**的东西吗？

菲：在靠近一个距离远的对象时，可见的大小和形状不是一直在变化吗？它们在所有的距离显示的都是一样的吗？

海：它们在连续变化。

菲：因此，视觉没有提示或以任何方式告诉您，您直接感知的可见的对象存在于远处①，或者当您向其靠近时它将被感知；在您靠近的整个时间内，可见的对象形成了一个相互继起的连续系列。

海：视觉没有提示我。但是我还知道，在看一个对象时，我会根据它已经通过的一定距离来感知它是什么对象，不管它是否是准确的同一个东西：在此情形中仍然有某种距离的东西被提示了。

菲：仁慈的海拉斯，请在这点上稍微反思一下再告诉我：在其中是否还有更多的东西。从您实际上通过视觉感知的观念来看，您已经通过经验来学习收集（按照自然的恒久秩序）依据这种时间和运动的连续，您还受到哪些其他观念的影响？

海：从整体来说，我看就是如此，没有其他的。

菲：假如我们设想一个天生的盲人，有一天突然能够看见东西了，起初他对视觉可以提示的东西不可能有

---

① 在贝克莱的《视觉新论》和《为视觉理论辩护》中，这一点得到了更详细的论述。——译者

任何经验，这不是很明白的吗？

海：是很明白的。

菲：于是，他不会按您所说，把任何距离的观念附加在他所看见的东西上，而是把那些东西看成是只存在于他的心中的一组新感觉。

海：这是不能否认的。

菲：说得再明白一点，所谓**距离**不是其一端指向眼睛的一条线吗？

142　　**海**：是的。

菲：那样放着的一条直线能够通过视觉来感知吗？

海：不能。

菲：因此，接下来难道不能说，距离不是通过视觉被恰当地、直接地感知的吗？

海：似乎应当这样说。

菲：还有，您是否认为颜色在远处？

海：必须承认，它们只在心中。

菲：但是，颜色不是对眼睛显示为，它们与广延和形状一道共存于同一地点吗？

海：是这样显示的。

菲：从视觉中您怎么能够得出结论说，当您承认颜色不在心外存在时形状却存在于心外呢？这两者不是完全相同的可感现象吗？

海：我不知回答什么。

菲：而且，就算距离是被心真实地、直接地感知到的，也不能由此推论说它存在于心外。因为被直接感知的任何东西都是观念，**观念**能够存在于心外吗？

海：那样假设很荒谬。但是请告诉我，菲洛奴斯，除了我们的观念我们就不能感知或知道任何东西了吗？

菲：至于从结果到原因的理性推理，那不是我们研究的。您凭感官就可以告诉我们，您是否能感知不是直接被感知的东西。我问您，被直接感知的东西是否是不同于您自己的感觉或观念的？事实上在这个谈话过程中，在这些重要问题上您屡次表明了自己的观点；但是在最后一个问题上，您似乎背离了您当时所想的东西。

海：说老实话，菲洛奴斯，我认为存在两种对象，一种是被直接感知的，它们也被叫作**观念**；另一种是通过观念的中介所感知的真实事物或外部对象，观念是它们的影像和表象（images and representations）。现在我承认，观念不在心外存在，但后一种对象却在心外存在①。我很抱歉，我没有尽早想到这一区别，否则您不会大费口舌了。

143

菲：那些外部对象是被感官感知的，还是被其他才能（faculty）感知的？

海：是被感官感知的。

菲：怎么，有被感官感知而又不是直接被感知的

---

① 正是从这点开始，讨论明确地直接反对表象主义的实在论（representative realism）。他用三个论证来反对。第一个论证是认识论的——我们无法得知外部世界的存在。这个在《原理》18—20节的讨论更令人满意。第二个是很弱的主张："事物是永恒地流逝和变化的，就如我们的观念不可能是任何固定的和常在的事物的复本或影像（copies or images）。"第三论证是这个原理："观念只是与观念相似、而不与他物相似"。——译者

东西？

海：是的，菲洛奴斯，有这种东西。例如，当我观看尤利乌斯·恺撒（Julius Caesar）的画像或雕像时，可以说我是通过我的感官按照某种方式（尽管不是直接地）来感知他的。

菲：这似乎是说，您拥有那唯一被直接感知到的观念，它们是外部事物的图像（pictures）；而且，因为这些外部事物与我们的观念一致或相似，它们也是被感官感知的。

海：那就是我的意思。

菲：尤利乌斯·恺撒本身不能被看见，但也是被视觉所感知的。同样，真实事物本身不被感知，但也被感官所感知。

海：两者完全相同。

菲：告诉我，海拉斯，您在看尤利乌斯·恺撒的画像时，您用双眼看到的只是具有某种对称性和整体结构的某些颜色和形状吗？

海：没有别的。

菲：一个对尤利乌斯·恺撒一无所知的人，能看到这么多吗？

海：能。

菲：因此，他拥有的视觉及其用途，与您的是一样完善的。

海：我同意您的说法。

菲：那为何您想到这位罗马皇帝，而他没有。这不可能出自您当时感知到的感觉或感官的观念，因为您承认在那一方面您并无优于他的地方。因此，这似乎出自推理和记忆，是不是呢？

海：是的。

144

菲：因此，不能根据这个例子就说，有任何不被直接感知的东西是被感官感知的。虽然我承认，在某种意义下，可以说我们间接地通过感官来感知可感物。就是说，在经常感知的联系中，被一种感官直接感知的观念向心灵提示了也许属于另一感官的其他观念，它们之间是常常联系在一起的。例如，当我听到一辆马车沿街驰行时，我直接感知的只有声音；但是从我的这种声音是与马车相联系的经验中，我被说成是听到了马车。虽然如此，但是事实上和在严格意义上说，除了**声音**别的什么都**听**不到，马车在当时不是被感官真正地感知到的，而是来自经验的提示。同样，当我们被说成是看见一节又红又热的铁条时，铁的坚固性和热并不是视觉的对象，而是通过被那种感官真正感知的颜色和形状向想象力所提示的。简言之，只有相同的感官一开始就被赋予我们时，那些所谓的被感知的东西，才是现实地和严格地被感官感知的。至于其他事物，显然它们只是由经验提示给心灵的，而经验是以先前的知觉为根据的。再返回到您的恺撒画像的比较上来。很显然，如果您坚持原来的观点，那您必须认为真实事物或我们观念的原型，不是被感官感知的，而是被灵魂的某种内在才能如理性或记忆力所感知的。因此，我很想知道，您从理性中能获得什么证据，来证明您叫作**真实事物**或**物质对象**的存在？您是否记得先前看到过事物本身？您是否听到过或读到过别人见过的事物本身？

海：菲洛奴斯，我看您喜欢取笑人吧，但这怎么能说服我呢。

菲：我的目的只是想从您那里知道，您通过何种路径知道物质的存在物。我们所感知的任何东西，或者是直接被感官感知的，或者是间接被理性和反思感知的。您既然排除了感官，那请告诉我：您有什么理由相信它们的存在；面对我的或您自己的理解力，您能够利用何种**中介**来证明它们的存在。

海：坦率地说，菲洛奴斯，现在来考虑这一点，我发现自己不能给您什么好的理由。但是这看起来很简单，至少这样的东西是可能真实存在的。只要这种假设没有什么荒唐之处，那么在您提出相反的好的理由之前，我是决心相信我所说的。

菲：什么话？讨论到这里，您还是相信物质对象的存在吗？而您的相信只是建立在它有真的可能性上吗？您现在要我提出反驳它的理由，而另外的人会认为，主张肯定的人拿出证据才是合理的。归根到底，您现在毫无理由而又决心坚持的那种重要观点，实际上正是您在这次谈话中已经多次看到有充分的理由要放弃的观点。不过，我们都放过这些吧。如果我正确地理解了您，您是说我们的观念在心外不存在，但它们只是某些原始物（originals）的摹本、影像或表象，而原始物在心外存在。

海：您对我的理解很正确。

菲：那么，它们像外部事物。

海：是的。

菲：那些东西有一种独立于我们感官的稳定的、持久的本性呢，还是它们也根据我们身体所产生的动作、根据我们的才能或感觉器官的暂停作用、起作用或改变，而相应地不断变化呢？

海：真实的事物显然有一种固定的、真实的本性，虽然我们的感官在变化、我们身体的姿势和动作在变化，但真实事物的本性仍然是同样的。感官或身体的变化固然可以影响我们心中的观念，但是以为它们对心外存在的事物有同样的效果，那是荒谬的。

菲：我们的观念既然是飘忽不定、恒久变化的，那怎么可能是固定和持久的东西的摹本或图像呢？换言之，既然一切可感的性质，如大小、形状、颜色等即我们的观念，是随距离、媒介或感觉工具的改变而连续变化的，那么确定的物质对象如何可以被判然有别、互不相同的东西所准确地表现或摹画呢？如果您说，物质对象只类似于我们许多观念中的一个观念，那我们怎么能区分真摹本与假摹本呢？

146

海：菲洛奴斯，我承认自己已经茫然不知了，不知道再说什么。

菲：但这还不是全部。所谓物质对象本身，是可感知的还是不可感知的？

海：真正地和直接地被感知的东西只有观念，没有其他。因此，一切物质的东西本身都是不可感知的，而只能通过它们的观念被感知。

菲：那么，观念是可感的，而它们的原型或原始物是不可感的。

海：正确。

菲：但是，可感的东西怎么能同不可感的东西相似呢？**看不见的**真实东西本身能与**颜色**相似吗？**听不见的**真实东西能与**声音**相似吗？一句话，除了另一感觉或观念能与此感觉或观念相似外，还有其他东西能与此感觉或观念相似吗？

海：我必须承认，我认为不能。

菲：在这一点上有丝毫可怀疑的吗？您不完全知道您自己的观念？

海：我完全知道它们，因为我没有感知或不知道的东西就不能成为我的观念的一部分。

菲：那么，您仔细考察一下再告诉我，观念中是否有些东西能在心外存在；或者您能否设想与观念相似的东西是在心外存在的。

海：经过研究之后，我发现，我只能设想或理解一个观念与一个观念相似。而且最明显的是，**任何观念都不能在心外存在**。

菲：因此，您的原理迫使您否认了可感事物的真实性，因为您认定真实性是外于心的绝对存在。也就是说，您是一个彻头彻尾的怀疑论者。所以，我赢得了我的论点：这就是您的原理导致了怀疑论。

海：就目前来看，虽然我没有被完全说服，但也只得缄口不言。

菲：我很想知道，您还需要了解什么才会完全信服。您不是有用一切方法来解释自己的自由权利吗？在谈话中，我有揪住您的小过失不放吗？我不是允许，为了最好地服务于您的目的，您可以撤回或加强自己所说的任何东西吗？您所说的每一句话，我不是非常公平地洗耳恭听、仔细考虑了吗？简言之，在每一关键问题上您自己承认的东西，不都是您亲口所言吗？如果您现在发现在您前面的承认中有任何漏洞，或是想到未提出的遁词、任何新的区分、修饰词或解释，您为什么不提出来呢？

海：请耐心一点，菲洛奴斯。我现在很惊讶看到自己被诱捕了，就如被囚在您引我进去的迷宫中，所以不能期望我马上找到出路。您必须给我时间，让我静气定神、回想一下。

菲：您听，这不是会堂的钟声吗？

海：这是打的祈祷钟。

菲：如果您愿意，我们进去吧，明天早晨还在这里相聚。同时，您可以想一想今早的谈话，看看您能否在其中发现谬误，或者琢磨出新的手段把自己从迷宫中解救出来。

海：好的。

147

第二篇对话

海：请原谅，菲洛奴斯，我没有早一点来见您。整个早上，我的脑袋里都在回想我们上次的谈话，所以我忘记了时间或其他任何事情。

菲：我很高兴您那样专心致志，如果在您的让步中有什么错误，或者我据此进行的推理有什么矛盾的话，我希望您现在把它们告诉我。

海：我向您保证，自从我们会面之后我没有做其他事情，只是在找寻错误和矛盾，并且用这一想法仔细检查了昨天的全部谈话。但是，一切都是白费，因为我们谈话所得的观点经审视之后，显得更加清晰和明白；而且我越是思考它们，它们就越不可抗拒地迫使我同意。

菲：您不认为这表明，它们是真的，是从本性中产生的，是符合正确推理的吗？真和美在这一点上是一样的：最严格的考察有利于两者。而错误和伪装的虚假光泽，是经受不住复查或过细检查的。

海：我承认，您所说的很有道理。一旦我明白了导致那些奇怪结论的推理，任何人都会对那些奇怪结论的真理性感到非常满意。而且，当我不思考这些结论的时候，从另一方面看似乎也有很令人满意的东西，它在解释事物的现代方式中是非常自然和可理解的，以致我承认不知道怎样反驳它。

菲：我不知道您指的是什么。

海：我指的是解释我们的感觉或观念的方法。

菲：那是怎么一回事？

海：人们假定，灵魂居住在大脑的某一部分，各种神经从这里发端，由此扩展到身体的所有部分。外部对象通过它们在感觉器官上形成的不同印象，将某些振动 149 传达到各种神经；这些充满了精气的神经，又把它们传递到大脑或灵魂的位置，灵魂依照在大脑中形成的各种印象或痕迹，受到各种观念的影响。

菲：您认为这是在解释观念影响我们时所借以的方式吗？

海：为什么不是，菲洛奴斯，您有什么理由可以反驳它吗？

菲：我首先想知道我是否正确地理解了您的假设。您把大脑中的一些痕迹看成是我们的观念的原因或特殊原因。请您告诉我，您用**大脑**指的是不是一种可感物？

海：您想我还能指其他吗？

菲：可感物全都是被直接感知的，而直接感知的东西是观念，它们只存在于心中。如果我没有弄错的话，这是您早就同意的。

海：我不否认。

菲：因此，您所说的大脑既是一种可感物，就只存在于心中。现在我很想知道，假设一个存在于心中的观念或事物导致了所有其他观念，您认为这样的说法是否合理？如果您认为是合理的，请告诉我，您怎样解释原始观念的起源或大脑本身呢？

海：我不是通过感官感知的大脑来解释我们观念的起源，大脑本身只是可感观念的集合物，而是通过我想象的另一种大脑来解释。

菲：但是，想象的东西如同被感知的东西不都是真实地在心中吗？

海：我必须承认它们都在心中。

菲：那么，结果是相同的。您这段时间一直是在用大脑中的某些运动或印象来解释观念，也就是说，用一个观念中的某种变化来解释观念，而大脑是可感的还是可想象的那都没有关系。

150　　**海**：我也开始怀疑我的假设了。

菲：除了精神之外，我们所知或所想的一切都是我们自己的观念。因此，当您说一切观念都是大脑中的印象所引起的时候，您是否想到了大脑？如果您想到了大脑，那么您说印在一个观念上的诸多观念，又产生了这同一个观念 ①，这太荒谬了。如果您没有想到大脑，那您说的就是难以理解的，不能形成合理的假设。

海：我现在明白了，那纯粹是一个梦，里面什么都没有。

菲：您无须再过分关注它了，因为说到底，您所说

---

① "一个观念"和"这同一个观念"指大脑的观念。——译者

的这种解释事物的方法绝不能使任何理智正常的人感到满足。在神经的运动和心中的声音感觉或颜色感觉之间有什么联系呢？这些感觉怎么可能是神经运动的结果呢？

海：不过，我从没有想到这一假设如现在显示的那样竟然毫无意义。

菲：好吧，您总算承认了，任何可感事物都没有真实的存在，事实上您是一个彻头彻尾的**怀疑论者**！

海：这显然是无法否认的。

菲：您看！田野里不是覆盖着茂密的绿色植被吗？森林和树木、河流和清澈的泉水中是不是有某种东西可以舒缓灵魂、使其神清气爽呢？面对广阔而深邃的海洋的景色，面对其顶部消失在云中的巨大山峰，面对一片古老阴暗的森林，我们的心里不是充满了快意的恐怖吗？甚至在岩石和沙漠中，不是还感受到令人愉快的野性吗？看到大地上的各种自然美景，那真是多么快乐的事！为了保持和更新我们对它们的兴趣，夜晚的面纱不是交替地画在大地的脸上吗？她不是随季节而改变她的衣装吗？各种元素是怎么容易被安排的呢？大自然最微小的造物有多少种类、何种用途呢？动植物的身体是何等精致、何等美丽、何等巧妙！所有事物都被安排得很精巧，以适合它们的特殊目的，以构成整体的适当部分！它们在相互帮助、相互支持的同时，不是也相互衬托、相互显示吗？现在我们从地球上升到所有那些装饰了天国拱门的灿烂星体吧！行星的运动和位置不是令

151

213

人钦佩地合于用途和秩序吗？这些行星（被误称为**游星 erratic**）在它们通过无路的虚空中重复旅行时，您知道它们曾经迷路了吗？它们绕太阳旋转时不是与时间成正比地测量面积吗？看不见的自然作者正是运用如此固定和不变的法则来推动宇宙。诸多恒星的光泽是何等活泼、何等明亮！它们似乎漫不经心地分布在整个蔚蓝的苍穹，但又是如此壮丽、如此丰富！还有，如果您用望远镜观看，您一定会看到您的肉眼看不见的崭新星群。用肉眼来看，它们似乎是挨得很近的、很清晰的，但是在望远镜的更近视野中，各种不同距离的巨大光球，却远远地沉没在太空的深渊里。现在，您必须求助于您的想象力。微弱狭窄的感官无法察觉围绕中心大火（the central fires）旋转的无数世界；而在那些世界中，一个完美无缺的心的能量以无穷无尽的形式被展示出来。但是，感官和想象力都无力理解这个广大无边的范围及其中的辉煌陈设。我们的心即使竭尽所能伸展到它的最大范围，但仍然会有我们无法把握的、无法量度的冗余事物。构成这个巨型结构的所有大的天体，虽然相互隔得很远，但是被一种神秘的机器、神圣的艺术和力量联系起来，使其（甚至与这个地球）相互依赖、相互往来，虽然我几乎想不到地球——它消失在茫茫世界中。宇宙的整个系统不是巨大无边、美丽无比、光荣无限，超越了所有表达和所有思想吗！哲学家剥夺了这些高尚的、悦人的景色的所有真实性，他们该受何种处罚呢？如果有些原理使我们认为，造物的所有可见的美丽只是虚假的想象的强光，该如何对待那些原理呢？明白点说，您能以为您的这种怀疑论，在所有有理智的人看来，不是极其荒谬的吗？

海：别人怎么想，随其所愿。但对您而言，您没有什么可以责备我的。我感到安慰的是，您和我一样都是**怀疑论者**。

152

菲：海拉斯，在这里我必须要与您划清界限了。

海：什么！您前面同意了前提，而现在要否定结论。您引我进入那些悖论，而现在让我自己主张那些悖论吗？这确实不公平。

菲：在导致怀疑论的那些观点上，我否认我同意您的观点。您的确说过，可感物的真实性在于精神的心之外的**绝对存在**，或者在于它不同于可感物的被感知。按照这种真实性的概念，您已经被迫否认了可感物的任何真实存在：也就是说，按照您自己的定义，您承认了自己是一个**怀疑论者**。但是，我既没有说过也没有想过，可感物的真实性应当按照哪种方式来定义。对我来说，很显然，可感物只能存在于心中或精神中，其理由您也是承认的。因此，我的结论并不是说它们没有真实的存在，而是说，既然它们不依赖我的思想，其存在不同于被我感知到的存在，那么，**它们一定存在于其他的心中**。因此，正如可感世界真实存在那样确定，同样可以确定的是，也存在一个一个无限的、遍在的精神：它包含着、支持着这个世界。

海：怎么？我和所有基督徒都是这样主张的；而且，

215

凡相信上帝存在的人，相信上帝知道、理解万物的人都是这样主张的。

菲：哎，但这里有区别。人们通常相信，万物被上帝所知或所感，是因为他们相信上帝存在；而我直接地、必然地断定上帝存在，只是因为一切可感物必定被上帝所感知。

海：既然我们全都相信同样的事情，那如何获得那种信仰有什么关系呢？

菲：但是，我们的观点并不相同。因为，虽然哲学家承认所有有形存在物都被上帝感知，但他们把它们归于一个绝对的存在者，它不同于被任何心所感知的东西，而我就不这样做。除此之外，我们的说法也有区别。一方说，**存在上帝，因此他感知万物**；另一方说，**可感物确实是真实存在的，如果它们真实存在，它们必然被一个无限的心所感知，因此存在一个无限的心或上帝**。根据最明白的原理，这种说法向您提供了上帝存在的直接证明。神职人员和哲学家已经毫无疑义地证明，从所造物的各部分的美丽和用处来看，那都是上帝的作品。但是，抛开天文学和自然哲学的所有帮助，通过对事物的设计、秩序和调整的所有思考，就必然从可感世界的单纯存在中推论出一个无限的心：这是他们所特有的一个优点，只有他们才做出了这种容易的反思：可感世界是被我们的各种感官感知的世界，除了观念无物被感官感知，任何观念或观念的原型都不能存在于心之外的其他地方。现在，无须劳神费力地追求科学，无须理

153

性的精细运用，无须冗长乏味的谈论，您就可以反驳和为难无神论的最有力的信徒。那些可怜的庇护所，要么处于无思想的因果的永恒连续中，要么处于原子偶然的共同作用中；凡尼尼（Vanini）、霍布斯和斯宾诺莎 [①] 的那些疯狂想象，一言以蔽之，全部的无神论系统，还不是被这一简单的反思推翻了吗？假设可见世界的全体或任何部分（甚至是最粗糙、没有形状的部分）存在于心外，这不是明显的悖论吗？那些不敬神的教唆者，只要观察自己的思想，试着设想一块石头、一块沙漠、一片混乱或一团纷乱的原子，甚至所有可感的或可想象的东西，能否独立于心而存在，他们立马就可以确信自己的愚蠢了。如果就这个问题提出争议，让一个人看看自己，他能否（甚至在思想中）设想他认为是事实上真实的东西，并且把它从概念的存在变成真实的存在，这难道不是最公平的吗？

海：不能否认，在您所提出的东西中有非常有益于宗教的东西。不过，您不觉得，这非常像某些当代名人所持有的观点 [②]：**在上帝中看一切事物！** 154

菲：我很希望了解这个观点，请您给我解释一下。

海：他们认为，灵魂是非物质的，不能与物质的事

[①] 霍布斯是无争议的唯物论者。斯宾诺莎在其《伦理学》中，把世界与上帝等同，有人认为他是泛神论者，有人认为他实际上是唯物论者，有人认为他实际上是二元论者。凡尼尼（Vanini）是一位因无神论而在 1606 年被烧死的意大利牧师。——译者

[②] 这是马勒伯朗士（Nicolas de Malebranche, 1638—1715）的观点。——译者

物结合来感知事物本身，但灵魂通过与上帝实体（the substance of God）的结合来感知它们；上帝的实体既然是精神性的，因此是纯粹可理解的，能够成为精神的思想的直接对象。此外，神圣的本质自身包含了与每一被造者相对应的完善性，这些完善性因此恰当地把事物展示或表现给心灵。

菲：我不理解，我们的观念作为完全被动的、无活力的东西，如何可能成为上帝的本质或部分本质或实体，因为上帝是无感觉的、不可分的、纯粹主动的存在者。对于这个假设，人们初见就可以发现其中有许多困难和可责难的地方，但是我不必列举而只是加上一点：它容易导致那个普通假设——被造世界存在于精神的心之外的其他地方——具有的所有荒谬性。此外，这个假设还有自身特有的问题，即它使物质世界不服务于任何目的。如果它假冒是反对科学中的其他假设——即自然或神圣的智慧徒然造物，或者自然或神圣的智慧通过烦琐的迂回方法来造物，而造物本来应该采用更容易、更简洁的方式——的良好证据，那么，对这种整个世界都是徒然被造成的假设，我们该怎么想呢？

海：但是，您在说什么呢，您不是也认为我们在上帝中看见万物吗？如果我没有弄错，您所主张的东西是接近这一观点的。

菲：世上有思想的人极少，而有意见的人遍地都是。因此，人们的意见常常是肤浅的、混乱的。本身是非常不同的原理，可是人们若不注意考察它们，就会把

它们相互混淆，这一点也不奇怪。因此，如果有人想象
我陷入了马勒伯朗士（Malebranche）式的狂热，我也 155
不会感到惊奇，尽管事实上我离它很远。马勒伯朗士在
最抽象的一般观念上建立体系，这是我完全否认的。他
断言有一个绝对的外部世界，这也是我拒绝的。他主张
说，我们被自己的感官所欺骗，不知道广延事物的真实
本性或真实形式和形状，在这些方面我都持直接相反
的观点。所以，从总体来看，我的原理和他的原理在
根本上是最为对立的。必须承认，我完全同意圣经所
说的①，我们在上帝中生活、运动和存在。但是，说我
们按照上面提出的方式在他的本质中看事物，那是我绝
不相信的。我的意思简单说来就是：我感知的东西是我
自己的观念，任何观念都只能存在于心中，这是显而易
见的。同样明显的是，被我感知的那些观念或事物，或
者是它们自己或者是它们的原型，都独立于我的心而存
在，因为我知道我自己不是它们的作者，当我睁开眼
睛、侧耳倾听时，不能随意决定我受何种特殊观念的影
响。因此，它们必定存在于某个其他的心中，正是那个
意志使那些观念展示给我。我说，直接感知的事物都是
观念或感觉，您可以随意称呼它们。任何观念或感觉除
了能在心或精神中存在之外还能在其他地方存在吗？除
了心或精神，什么东西还能产生它呢？这的确是不可思
议的。主张不可思议的东西，还不是胡说吗？

---

① "世上有思想的人极少……必须承认"：这一段对话是在1734年C
版中增加的。——译者

海：毫无疑问是胡说。

菲：但是在另一方面，假设它们存在于一个精神之内、被一个精神所产生，这是完全可以想象的，因为这是我每天都体验到的，我每天都感知到无数的观念；通过我的意志活动，我能够形成各种观念，让它们进入我的想象。当然必须承认，通过想象所产生的观念不如我们感官感知的观念那样清晰、强烈、生动、持久，后者被叫作**真实事物**。根据所有这些我得出结论：**存在一个心，它每时每刻都用我感知的所有可感印象来影响我。**而且根据这些印象的多样性、秩序和方式，我推断它们的**作者**是**智慧的、有权力的、善良的，是超越了人们的理解力的。**您要明白，我不是说，我看事物时，要先感知在上帝的有智慧的实体中表现它们的东西。我所理解的不是这样，我是说，我感知到的东西是被一个无限精神的理智所知道的，是被他的意志所产生的。所有这些不是最明白、最浅显的吗？除了对我们自己的心稍加注意而发现的东西，除了心中流逝的东西，难道还有什么东西不仅能够使我们设想，而且迫使我们承认吗？

海：我想我对您理解得很清楚了，并且承认您给出的关于神灵的证据，虽然令人吃惊但也很明显。但是，即使承认上帝是万物最高的和普遍的原因，难道除了精神和观念，就不能有第三自然（third nature）吗？我们不可以承认我们的观念有一个从属的、有限的原因吗？一句话，对您说的所有东西而言就没有**物质**了吗？

菲：怎么，我必须经常灌输同样的东西吗？您已经承认，感官所直接感知的东西在心外不能存在，而被感官感知的东西无一不是被直接感知的，因此所有可感的东西都不在心外存在。您现在仍然坚持的物质，我猜想，是某种可理解的东西，它是可以被理性而不是被感官发现的东西。

海：您说得对。

菲：请您告诉我，您对物质的信念是建立在什么推理上的，您现在认为它的意思是什么？

海：我发现自己被各种观念所影响，但我知道我不是观念的原因；它们既不是自身的原因，也不是互为原因，也不能独立自存，因为它们完全是迟钝的、瞬息万变的、依赖他物的存在物。因此，它们一定有某种不同于我和它们自己的原因。关于这个原因，我只知道它**是我的众多观念的原因**。这种东西，不论它是什么，我只把它叫作物质。

菲：告诉我，海拉斯，人们有自由改变一种语言中的普通名词所附加的通行的固定含义吗？例如，假设一个旅行者告诉您，在某个国家人们可以从火中穿过而不受伤，经过他自己解释，您才发现他用**火**这个词指的是其他人叫作的**水**；或者他宣称，他用树的词指的是人，有用两条腿行走的树。您认为这是合理的吗？

海：不合理，我想那是很荒谬的。共同的习惯是语言的恰当性的标准。如果人们不恰当地说话，那就会歪曲语言的使用，甚至在意见本没有差别的地方会延长和扩大争论，除此以外决不能达到更好的目的。

157

菲：所谓**物质**，就这个词的通常含义来说，不就是指一个有广延的、坚固的、可移动的、无思想的、迟钝的实体吗？

海：是指这个。

菲：不是已经很明显地证明，这种实体不可能存在吗？纵然可以承认它存在，但是被动的（inactive）东西怎么可能是原因呢？**无思想的东西怎么能成为思想的原因**？诚然，如果您乐意您可以在物质这个词上加上与大众所接受的意思相反的东西，并且告诉我说，您用物质一词所指的是：一个无广延的、有思想的、主动的存在者，它是我们的观念的原因。不过，这种说法除了玩弄词藻，除了陷入您刚才用众多理由所谴责的错误之外，还能有什么意义呢？我不是说，您从现象中提取原因的推理有什么错误，而只是否认由理性推论出来的这个原因可以恰当地叫作**物质**。

海：的确，您说的有些道理，但我担心您不能完全理解我的意思。您决不能认为我否认上帝或无限的精神是万物的最高原因。我所争执的只是，在最高作用者（the supreme agent）之下，还存在具有有限本性和低级本性的原因，它在我们观念的产生中也起作用，不过它不是借助任何意志活动或精神的效能，而是借助属于物质的那种活动即**运动**而起作用。

菲：我发现，您在每一转弯处总是要退回到您的被粉碎了的虚荣之处，您总是以为在心外存在一个能移动的、因此有广延的实体。怎么？您已经忘记了您被我说

158

服了，或者您还愿意让我旧话重提吗？您这样做实际上是不公平的，您还在假设您已经多次承认没有其存在性的东西。不过，无须进一步坚持已经被主要处理过的东西，我只是问，您的所有观念是不是完全被动的、惰性的、不包含任何活动的？

海：是的。

菲：可感性质除了是观念之外还是别的东西吗？

海：我不是多次承认过它们不是吗？

菲：那么运动不是可感性质吗？

海：是。

菲：因此，它没有活动。

海：我同意您说的。我在摇动我的手指时，很明显它是被动的；但是产生这种运动的我的意志是主动的。

菲：现在我想问您，第一，既然您承认运动不是活动，那么除了意志您还能否设想任何活动？第二，说到某个东西却设想它不存在，这是不是在胡说八道？最后，在已经考虑到的前提之后，您是否觉得，假设在精神之外我们的观念还有其他有效的或主动的原因，这是非常荒谬、非常不合理的说法？

海：我完全放弃这一观点。但是，虽然物质不能作为原因，但这妨碍了它作为从属于最高作用者的工具在我们观念的产生中起作用了吗？

菲：您说它是一种工具？请您告诉我，那种工具的形状、发条、齿轮和运动是什么样的？

海：我不能确定是什么样的，这个实体及其性质是我完全不知道的。

菲：什么？那么您是认为，这种工具是由不可知的（unknown）部分组成的，它有不可知的运动和不可知的形状。

海：我既然已经确信，任何可感性质都不能存在于一个无感知的（unperceiving）实体中，就根本不相信这种工具有任何形状或运动。

菲：能够形成一种没有一切可感性质甚至广延本身的工具的概念吗？

海：我不妄称有这种概念。

菲：您有什么理由认为，这种不可知的、无法想象的东西存在呢？您是认为没有这种工具上帝也不能起作用了吗？还是当您在心中形成观念时，凭经验发现了这种工具的用途呢？

海：您总是为我的信仰的理由而取笑我。请您告诉我，您有什么理由不信它呢？

菲：如果我看不到有相信一事物的理由，那就是我不相信它存在的充分理由。不过，我们不再执着于您相信的理由，您甚至不让我知道您想让我相信的东西，因为您说，您对那个东西根本没有概念。但无论如何，我恳求您考虑一下，如果您声称相信您不知道是什么的东西，声称您知道不知道为何的东西，那您还像个哲学家吗，甚至还像一个有常识的人吗？

海：暂停一下，菲洛奴斯。我告诉您物质是一件工具，不是指完全的无。我确实不知道是哪一种特殊工具，但我有**一般工具的概念**，我把它用在物质上。

菲：如果能够证明，即使是在最一般的**工具**概念（与**原因**的概念有不同含义）中也有某种东西，使得它的用途与那神圣的属性不一致，那该怎么办呢？

海：如果您能证明这一点，我就放弃我的观点。

菲：您用**工具**的一般本性或概念指的是什么呢？

海：凡一切特殊工具所共有的东西就构成了工具的一般概念。

菲：一切工具都只用来做我们仅凭意志的活动所不能做的那些事情：这不就是一切工具所共有的东西吗？例如，我绝不会用工具移动我的手指，因为这是靠意志就可以做的。但是，如果我要移动一块岩石或从树根处砍掉一棵树，我就要使用工具。您也是这样想的吧？您能给出一个例子证明有人用工具来产生直接依赖自己的意志的作用吗？

海：我承认我不能。

菲：那么，您怎么能够假设，一个完美至极的精神，他的意志既然绝对地、直接地为万物所依赖，他在其行动中还需要工具呢？或者说，他不需要工具但也要利用工具呢？因此在我看来，您不得不承认，利用无生命的、无主动性的工具与上帝的无限完善性是不相容的。用您自己承认的话说，您就必须放弃您的观点。

海：我还不能马上回答您。

菲：但是我认为，当这一真理已经充分地向您证明时，您应该准备好承认它。实际上，我们作为只具有有

160

限能力的存在者，被迫要利用工具。而对工具的利用表明，利用工具者是被他人制定的规则所限制的，他必须采用某种方法并在某些条件下才能实现目的。因此，明显的结论就是，最高的无限的作用者根本不用器械或工具。全能的精神的意志，一经发动，便即实行，无须使用工具。低等的人之所以要使用工具，不是因为工具具有任何真实的功效，也不是因为它们必然能产生某种效果，而只是为了遵守自然律或第一因为其制定的条件。但是，这个第一因本身是超越了任何限制或规定的。

海：我不再主张物质是一种工具了。然而，您仍然不能说我放弃了物质的存在。虽然我们关于物质说了很多，但物质还可以是一种**缘由**[①] （occasion）。

菲：您的物质有多少种形态呢？我们到底要多少次证明物质不存在，您才愿意与它分开呢？关于这一点我们不再说什么了（按照辩论的所有规则，我可以正当地谴责您经常改变这个主要术语的含义），我只想知道，您已经否认物质是一种原因，又肯定它是一种缘由，您是什么意思？并且，在您表明在何种意义上理解缘由之后，我还要请您在另外的地方向我说明：是什么原因诱导您相信我们的观念存在这样一种缘由。

海：第一点，我用缘由指的是一种不活跃的无思想的存在者，它出现时上帝就在我们心中激发出观念。

菲：那种不活跃的无思想的存在者的本性是怎样

---

① 参见《人类知识原理》第一部第 68 节。——译者

226

的呢？

海：我对它的本性一无所知。

菲：那您接下来说第二点，您给出某种理由：为什么我们允许这种不活跃、无思想、不可知的东西存在。

海：当我们看到我们心中的观念是按照有序的、恒定的方式产生的时候，自然就想到这些观念有某些固定的、有规则的缘由，缘由一出现观念就被激发出来了。

菲：那么您承认只有上帝才是我们观念的原因，上帝就在那些缘由出现时引起了观念。

海：这就是我的看法。

菲：您说的那些存在于上帝面前的东西，毫无疑问他是感知到的。

海：当然，否则对他来说这些东西就不可能是他的行动的缘由了。

菲：我现在不强迫您说明这个假设，或者回答所有可能的令人困惑的问题和难题。我只问您：在我们的观念系列或自然进程中可观察到的秩序和规则性，用上帝的智慧和力量是否就可以充分说明？假设上帝受到任何一种无思想的实体的影响、指引和提醒，才决定什么时候行动、该做什么，那不是贬低了上帝的品格吗？最后，假如我承认了您所争执的东西，您就达到目的了吗？即使我承认，有些东西被上帝的心所感知，对他来说这些东西是在我们之中产生观念的缘由，那也不容易设想如何由此推断出无思想实体的外部存在或绝对存在是与其被感知不同的。

162

海：我完全莫名其妙了，缘由这个概念现在好像与其他概念一样是没有根据的。

菲：最终您看到，在物质的所有这些不同的含义中，您不是只假设了您不知道的、没有任何理由的、没有任何用处的东西吗？

海：既然我的各种想法都被详细考察过了，我坦白承认自己不再那么喜欢它们了。不过，我仍然有一种混乱的感觉，认为存在像**物质**那样的东西。

菲：您或者直接或者间接感知到物质的存在。如果是直接的，请告诉我您是用哪种感官感知物质的；如果是间接的，那么也让我知道，您用什么理由从您直接感知的东西中推论出物质。关于感知就说这么多，现在来说物质本身。我要问的是，物质是对象、基础、原因、工具，还是缘由？您对这些概念已经逐一辩护过了，您不断变换您的想法，有时使物质呈现这种形态，然后又使其呈现另一形态。您自己提供的东西又被自己反驳和拒绝。现在，如果您还要提出什么新的意见，我愿意洗耳恭听。

海：关于这些题目我想我已经提供了要说的所有东西，真不知道还有什么可以申辩的。

菲：但是，您还是不愿放弃自己原有的偏见。如果您想干脆放弃原有的偏见，我希望，除了我们迄今已经说过的东西，您再进一步想想，基于物质存在的假设，您能否设想您是怎样被物质影响的？或者假设物质不存在，您是否可以仍然被现在影响您的那些观念

所影响，是否还有与您现在相同的理由来相信物质的
存在？

　　海：我承认，即使世上没有物质我们仍然可以像现
在那样感知所有的事物；即使存在物质，我也不能设想
它如何在我们的心中产生观念。我进而承认，说在前述
的任何一种含义上都不可能存在像物质那样的东西，这
话使我很满意。然而，我还不得不假设存在别种意义上
的**物质**。但这种物质究竟是什么，实际上我不能假装能
确定。

163

　　菲：我也不期望您应当准确地规定那种不可知的
存在物的本性。只是请您告诉我，它是否是一个实体？
如果是，您是否能够假设一个没有偶性的实体？或者，
如果您假设它有偶性或性质，我希望您告诉我那些性
质是什么，至少也要告诉我，物质支撑性质是什么
意思。

　　海：我们已经辩论过这几点了，我也无话可说了。
但是，为了防止任何进一步的问题，我来告诉您，我现
在用**物质**理解的东西，既不是实体也不是偶性，既不是
有思想的也不是有广延的，既不是原因、工具也不是缘
由，而是与所有这些不同的、完全不可知的东西①。

　　菲：那么，您现在的物质概念似乎只是存在体（en-
tity）的一般抽象观念。

------

① 　从这里到结束讨论的关于物质的诸概念（concepts），否认物质具
　有一切积极的可知的特征，而把物质放到空间和时间之外，我们可
　以把它与后来康德的本体（noumenon）概念进行比较。——译者

海：没有别的，我只是在这个一般观念上超级附加（super-add）了对我感知的、想象的或以其他途径所理解的一切特殊事物、性质或观念的否定。

菲：请您告诉我，您假设这个不可知的物质存在于何处呢？

海：哦，菲洛奴斯！您以为我又掉进了您的坑。如果我说物质在场所（place）中存在，那您会推论说，物质存在于心中，因为我们同意场所或广延只存在于心中。但我可以无羞涩地承认自己的无知，我不知道它存在于何处，我只是确定它不存在于场所中。这是我给您的否定回答。您以后关于物质所提的所有问题，都不要期望有什么回答。

菲：您既然不告诉我物质存在于何处，那么请您告诉我您是根据什么方式假设它存在的，或者，您用物质的**存在**指的是什么。

164　　**海**：它无思想也不行动，无感知也不被感知。

菲：那么，在您的物质存在的抽象概念中有何积极的东西呢？

海：我在精细地观察之后，根本没有发现其任何积极的概念或含义。我再次告诉您，我可以无羞涩地承认自己的无知。我不知道物质的存在指的是什么，也不知道它怎样存在。

菲：好，海拉斯，请您继续按照同样的直率真诚地告诉我，脱离了、排除了一切有思想的、有形体的存在者、一切特殊事物，您能否形成一个清晰的一般存在体的观念。

海：且慢，让我想一会儿……菲洛奴斯，我承认我不能。乍看之下，我觉得我有一种稀薄而轻快的抽象的纯粹存在体的概念，但是仔细注意之后，它很快就从眼前消失了。我对它思考愈多，就愈坚定自己的谨慎决断：我只给出否定的回答，不冒充对物质、对其**存在地点**与**存在方式**、其**存在性**以及任何属于它的东西，有丝毫程度的肯定知识或概念。

菲：那么，当您说到物质的存在时，您的心里就没有任何概念了。

海：完全没有。

菲：那请您告诉我，情况是否是这样的：一开始，您有一种物质实体的信念，由此信念您得出结论说其直接对象在心外存在；然后，您说物质是这些对象的原型；再次，您说物质是原因；接下来您说物质是工具；然后又说物质是缘由；最后，您又认为它是某种**一般的东西**，但这种东西一经解释被证明是**虚无**。所以，物质终究是虚无。海拉斯，您想想，这是不是对您的全部推论过程的公正总结？

海：就算如此，我仍然坚持说：我们不能设想一物，这并非反驳其存在的论据。

菲：我乐意承认，从原因、结果、作用、标志或其他情形，可以合理地推论出一种没有直接感知的东西的存在；我也承认，任何人，因为他没有一事物的直接的、积极的概念就反对该事物的存在，这是荒谬的。但

165

231

是，如果完全没有这些东西，如果理性或启示都没有诱导我们相信一物的存在，如果我们对一物甚至没有一个相对的概念，如果我们对感知和被感知、精神和观念进行抽象，最后，如果连声称的最不恰当的、最微弱的（物质）观念都不存在，那我事实上即使不反对任何概念的真实性或任何一物的存在，我的推断也一定是：您根本没有指任何东西，您只是在无目的、无计划、无意义地使用文字。对这些纯粹梦吃一样的东西，该如何处理，我让您自己来考虑吧。

海：坦率地说，菲洛奴斯，您的驳论本身似乎是无法回答的，但是您的驳论并不能使我像相信严格论证那样完全确信、心悦诚服。我发现自己又重温旧梦，去模糊地猜测那种我不知其为何物的东西——**物质**。

菲：但是海拉斯，要消除疑虑、使所有人都内心同意，必须要两件事同时发生，您不明白吗？我们把一个可见对象置于明亮无比的光线之中，但是如果视力存在缺陷或眼睛不对准它，那这个对象也不会被清楚地看见。虽然严格的证明根据充分、立论公正，但是如果心里沾染了成见，理解时抱有错误的偏见，您能期望他在突然之间会清楚地感知到真理、坚定地坚持真理吗？不会的，这里需要时间和辛苦：我们需要把同一事物，时而放在同一光线中、时而放在不同的光线中去研究，通过频繁的重复来唤醒和保持注意力。对此我已经说过了，但我还必须重复和重申，您不知道是什么原因，也不知道出于什么目的，就声称要维护您不知道的东西，这简直是莫名其妙的自由。在人类的任何艺术或科学、学派或职业中，还能有与此相比的玩意儿吗？即使在愚夫愚妇的谈话中，您会碰到这种全无根据、完全不合理的东西吗？或许，您还要说物质存在，尽管您同时既不知道**物质**指什么，也不知道物质的**存在**指什么。但这是令人诧异的说法。更诧异的是，您不是被任何理由引导这么说，而是自愿这样说。因为我向您挑战，要您向我表明，自然中有什么东西需要物质来解释、来说明，您却无言以对。

海：如果不假设物质的存在，就不能主张事物的真实性。您想一想，这不就是我应该认真捍卫物质的充分理由吗？

菲：事物的真实性！什么事物，可感的还是可理解的？

海：可感的事物。

菲：例如，我的手套吗？

海：不止这个，包括被感官感知的任何其他事物。

菲：但是，我们可以固定在某种特殊事物上。就**手套**来说，我看见它，摸着它，戴上它，不就可以充分证明它存在吗？如果这还不能证明，那么假设某种我从来不曾见、不能见的不可知的东西，说它按照一种不可知的方式、在一个不可知的地方或根本就没有地方存在，那我怎么能确定我在此实际看见的这个东西的真实性呢？被假设的无形之物的真实性怎么能证明有形之物的真实存在呢？或者，被假设的不可见之物的真实性怎么能证明可见之物的真实存在呢？或者总起来说，被假设的不可感知的东西的真实性怎么能证明可感知的东西存在呢？您只要能解释清楚这一点，就没有什么可以难倒您的了。

海：总体来说，我承认，物质的存在是极不可能的；但是，我还没有看到物质存在的直接的和绝对的不可能性。

菲：即使承认物质是可能的，但是仅凭这一叙述，那就像主张金山（golden mountain）存在[①]或半人马座（centaur）存在一样。

海：我承认这一点，但您仍然不能否认它的可能性，因为您知道，凡可能的东西或者也会实际存在的。

菲：我否认物质的可能性。而且，如果没有记错的话，我已经根据您的让步明显证明了物质是不可能的。

---

① 后来，奥地利哲学家 A. 迈农（Alexius Meinong，1853—1920）利用"A golden mountain"（金山）的例子说，"金山不存在"（"A golden mountain is not"）是悖论。按照亚里士多德的判断论，"金山"在句子中作主词，就已经肯定了"金山"的存在，主词等于"实体"，是被判断或述说的对象。这个句子先肯定了"金山"，然后又说它不存在（不是），这就是矛盾。因为迈农相信意向的非实存对象的可能性。既然我们能够提到这样的事物，它就必定有某种存在（they must have some sort of being）。因此，迈农把一物的"是"或"存在"（being）与一物的"实存"（existence）区分开来，凭借"是"一物可以是思想的对象，而"实存"则是实体的是者论状态所归因的东西。罗素认为，摹状词理论能够解决迈农的悖论。A golden mountain（金山），Presently King of France（当今的法国国王）都只是摹状词，而不是专名，只有专名（如"北京"、"A. 爱因斯坦"）才预设了对象的真实存在，而摹状词没有这样的预设。因此，A golden mountain，Presently King of France 虽然在句子中作主语，但并不代表其对象是实存的。——译者

在**物质**一词的通常意义上，它不就是指一种在心外存在
的有广延的、坚固的、有形相的、可移动的实体吗？您
不是屡次承认，您有明确的理由来否认这一实体的可能
性吗？

海：是的，但那只是**物质**一词的一种含义。

菲：但这种含义不是人们普遍接受的唯一恰当的真
实含义吗？如果这种意义上的物质被证明是不可能的，
那还不可以有充分的根据认为它是绝对不可能的吗？否
则，怎样才能证明一物的不可能呢？如果一个人随意地
推翻和改变语词的普通含义，那又如何能够给他人以证
明呢？

海：我认为，应当允许哲学家比普通人讲得更准
确，不必受一个词的普通含义的限制。

菲：但是，这里提到的含义已经是哲学家们共同接
受的含义了。不过，我们不再提这一点，我没有允许您
自由地解释物质的含义吗？您没有最大程度地使用过这
种特权吗？您没有违反推理和逻辑的尽人皆知的规则，
有时完全改变物质的定义，有时又按照目前最适合您的
计划在物质定义中删去和添加什么吗？您的这种不断变
换的不公平的辩论方式，不曾把我们的争论拖延到不必
要的程度吗？物质不是已经得到了格外的考察，且在上
述的每一种含义上您都承认被驳倒了吗？如果一事物在
被您或任何其他人所理解的每一种特殊意义上，都被证
明是不可能的，那么还需要什么才能证明它是绝对不可
能的呢？

海：但是，您最后是在最模糊、抽象、不确定的意义上证明了物质的不可能性，所以我不能完全满意。

菲：到什么时候一事物才能被证明是不可能的？

海：是这样的时候：在一事物的定义中所包含的观念之间被证明存在矛盾。

菲：但是，如果不存在观念，那就不能证明观念之间存在矛盾了。

168

海：我同意。

菲：根据您所承认的，在您所说的**物质**一词的模糊、不确定的含义中，很显然，除了一种不可知的含义，它根本没有包含观念、含义，而不可知的含义与无含义是相同的。因此，您不能期望，我应当在没有观念的地方证明观念之间存在矛盾；或者，证明在**不可知的**含义上或根本没有含义时物质的不可能性。我原来的职责只是要表明，您所说的只是虚无，我已经使您承认这一点了。所以，在您使用的物质的所有含义上，我已经向您表明，它根本没有任何含义，即使有含义，那也是荒谬的。如果这还不能充分证明一事物的不可能性，那请您告诉我，还有什么好方法。

海：我承认，您已经证明了物质是不可能的；我也看不到，要捍卫物质还能说什么。但是，我在放弃这一点的同时，也开始怀疑我所有的其他观点。因为此前确实没有比这更明显的观点，但现在这一观点看起来是虚假的和荒唐的，就如同它以前看起来是真实的一样。不过，我认为，我们目前就这一点已经充分讨论过了。在

今天余下的时光中，我想在头脑中简单回溯一下今晨对
话的几个要点；明天早上的这个时候，我还在这里与您
会面。

菲：好的，我不会爽约。

第三篇对话

菲：海拉斯，请您告诉我，昨天思考的结果如何？您是对我们分别时的那种想法更加坚定呢，还是您既然找到了别的原因就要改变自己的观点呢？

海：我的真实看法是，我们所有的意见都是徒劳无益的、不确定的。我们今天赞成的东西，明天又去谴责它。我们虽然忙碌一生不断追求知识，但结果呢，呜呼，一无所知！我想我们在世上不可能认识任何东西。我们的才能太狭窄，数量也太少了。自然绝没有打算让我们去猜测它。

菲：什么！您是说我们不能认识任何事物吗，海拉斯？

海：这个世界上没有任何一件事物，我们能认识其真实本性，或认识它本身。

菲：您要告诉我说，我真不知道火是什么或水是什么吗？

海：您确实可以知道，火显现（appears）为热的，水显得是流动的；但是，这仅仅是知道，基于火和水对您的感觉器官的作用，在您自己的心中所产生的感觉。

而对它们的内在组织（internal constitution）①，它们的真正本性，您是一无所知的。

菲：我站立其上的这块石头，我不知道它是一块真实的石头吗？我在眼前看见的这棵树，我不知道它是一棵真实的树吗？

海：知道？不！不论是您还是任何活人都不可能知道。您所知道的一切，只是在您的心中有这样一种观念或表象。但是，这与真实的树或石头有什么关系呢？我告诉您，您所感知到的颜色、形相和硬度，并不是那些事物的真实本性，或与它们有任何相似之处。构成这个世界的所有其他真实事物或有形实体，都可以这样说。它们自身没有包含任何东西，就像我们感知的那些可感性质一样。因此，我们不应当对事物及其本性妄加肯定，貌似有知。

170

菲：但是，海拉斯，我确实能够区分（例如）黄金与黑铁；如果我不知道它们的真实本性，怎么可能区分呢？

海：相信我，菲洛奴斯，您只能区分您自己的观念。黄色、重量及其他可感性质，您认为它们真实地存

---

① 这是针对洛克的观点，"internal constitution"（内在组织）一词来自洛克。洛克在《人类理智论》中指出，我们不能认识实体的"实在本质"，而"实在本质"指的是："实体的特殊的内在组织或不可知的本质"（the particular internal constitution, or unknown essence of that substance）。参见 John Locke, *An Essay Concerning Human Understanding*（First published 1690），Vol.II, Chapter XXIII，of our Complex Ideas of Substances.（《人类理智论》第二卷第 23 章，"论我们的复杂的实体观念"）——译者

在于黄金中吗？它们只是相对于感官的，在自然中并无绝对的存在。根据您心中的现象，就妄称能区分真实事物的种类，这就像这个人一样聪明：他根据两个人穿的衣服的颜色不同，就得出结论说他们是不同的人种。

菲：那么，我们似乎完全被事物的现象、被虚假的东西所迷惑了。我所吃的食物、所穿的衣服本身没有什么东西，只是像我看到、我触摸到的东西。

海：就是如此。

菲：那不是全世界的人都被迷惑了吗？都很愚蠢地相信自己的感官，这难道不奇怪吗？但是，人们还在吃饭、喝水、睡觉，还在那里舒服地、方便地履行人生的一切职责，好像他们真的知道这些事物是他们所熟悉的。我不知道怎么会是这样。

海：他们是这样做的。不过您要知道，日常的实践并不需要精细的理论知识。因此，庸俗之人一错再错，他们在人生的事务中忙得不可开交，而哲学家就能更清楚地认识事物。

菲：您是说，哲学家知道自己**不认识任何事物**吗？

海：这正是人类认识的顶点和完美之处。①

菲：但是，海拉斯，您一直都是很诚恳的吗？您是

---

① PHILONOUS. You mean, they know that they *know nothing*. HYLAS. That is the very top and perfection of human knowledge. 这是一句近乎反讽的话，却是一派哲学家（如洛克、康德）的真实看法。公开承认人类认识能力的有限性，好像始于苏格拉底，这当然是基于人与神的比较。认识你（人）自己的无知，这是西方"哲学"一词所蕴含的意思。无知当然不会有智慧，没有智慧就要去追求。Philosophy（哲学）的本来含义是追求、爱智慧。——译者

被说服了认真地相信，您不知道世上任何真实的东西
吗？假设您要写字，您不是像他人一样需要钢笔、墨水
和纸张吗？您不知道您需要的是什么吗？

海：我须经常告诉您我不知道宇宙中任何一物的真   171
实本性吗？确实，我可能偶尔使用钢笔、墨水和纸张。
但是，每一种东西的真实本性中究竟包含了什么，我肯
定地说我不知道。对于所有其他有形物也是如此。更进
一步说，我们不仅不知道事物的真实本性，甚至不知道
它们的存在。不能否认，我们感知到这样一些现象或观
念，但不能由此得出结论说，物体（bodies）真实存在。
不但如此，我仔细思考后，我必须同意我以前作出的让
步，进一步宣布：任何真实的有形物都不可能在自然中
存在。

菲：您真吓到我了。还有比您现在所维持的观点更
狂妄、更放肆的东西吗？很明显，不正是由于您相信**物
质实体**，您才被引导到这些荒谬言论吗？这个物质实体
使您梦想着每一事物中那些不可知的本性，正是这个原
因您才区分了事物的真实性和可感现象。因为这个您才
被迫说自己不知道其他每个人都非常清楚知道的东西。
这还不算完，您不仅不知道任何一物的真实本性，而且
不知道任何一物是否真实存在，或是否存在任何真实的
本性。因为，您把您的物质存在物归结为绝对存在或外
部存在，您假设它们的真实性是由外部存在构成的。既
然您终于被迫承认，这种存在要么意味着直接的矛盾，
要么毫无意义，您就不得不取消您自己的物质实体的假

设，断然否定宇宙任何部分的真实存在。因此，您被拖入了最深的、最可悲的**怀疑论**。海拉斯，您说，我说得不对吗？

海：我赞成您说的。**物质实体**只是一种假设，而且是一种虚假的、无根据的假设。我不再花精力来捍卫它。但是，如果您再提出任何假设，或替代地引入任何方案，我都认为它是非常虚假的。对此，我来盘问您一下：如果您让我以您对我的方式来对待您，我敢保证，这将会使您陷入许多困惑与矛盾，如同我本人目前所处的怀疑状态。

菲：我向您保证，海拉斯，我不会假装要提出任何假设。我是凡人一个，头脑简单，相信感官，我发现事物怎样就让它们怎样。坦白说，我的观点是：真实事物就是被我看见和触摸、我的感官感知的事物。我认识这些事物，而且发现它们满足了所有的生活需要和人生目的，我就再没有理由去关注任何其他的不可知的东西。例如，一片可感的面包可以填胃，它比那种您说的不可感的、难以理解的真实面包要好万倍。同样，我还认为，颜色和其他可感性质都在对象上面。对我的生活来说，我不禁要认为雪是白的，火是热的。您既然用**雪**与**火**指的是某种外部的、没有被感知的、无感知的实体，您就有权否认，白色或热度是内在于它们中的属性。但是，我用这些词所理解的是我看见、触摸的事物，所以不得不像其他普通人那样认为。既然在事物的本性上我不是一个怀疑论者，那么在事物的存在上我也不是。说

172

一物被我的感官真实地感知到，同时又说它不是真实地存在，在我看来这是明显矛盾的；因为即使在思想中，我也不能把一可感事物的存在同其被感知切断或分开。我命名的、谈论的木、石、火、水、肉、铁和其他类似的东西，都是我认识的东西。我只是用我的感官感知它们，才认识它们；被感官感知的事物是直接被感知的，而直接被感知的事物就是观念，观念不能在心外存在，因此它们的存在在于被感知。所以，当它们现实地被感知时，就不能怀疑它们的存在。因而，我们要远离所有的怀疑论，远离所有荒谬的哲学的怀疑。如果一个哲学家要人们根据上帝的真实性向他证明可感事物的存在，他才免除疑虑，如果他声称我们的知识在这一点上缺乏直观和证明，那是多么可笑的事情！我既然怀疑我现实地看见和触摸的事物的存在，那我就怀疑我自己的存在好了。

海：不要这么急嘛，菲洛奴斯，您不是说，您不能设想可感物怎么可能在心外存在吗？

菲：我是说过。

海：假设您被消灭了，您不能设想感官所感知的事物还存在吧？

菲：我能设想，但那一定是存在于另一个心中。当我否认可感物在心外存在时，我不是指特殊的我的心，而是指一切心。很显然，可感物是在我的心外存在的，因为我根据经验发现它们是独立于我的心的。因此，在我感知它们的间隔期间，它们存在于另一个心中，这正

173

如我出生之前它们就存在了，在我被假设消灭之后它们还会存在。既然对于所有其他有限的被造精神来说，道理都是如此，那必然会得出结论：存在一个**无所不在的永恒大心灵**，他认识和理解一切事物，且按照他自己制定的规则——我们称其为自然律——把一切事物展现在我们的眼前。

海：回答我，菲洛奴斯，我们所有的观念都是完全惰性的吗？

菲：它们是完全被动的、惰性的。

海：上帝不是一个主动者，一个纯粹积极的存在者吗？

菲：我承认是。

海：因此，任何观念都不能与上帝的本性相似，或表现上帝的本性了。

菲：不能。

海：既然您对上帝的心没有任何观念，您如何能设想万物能够存在于他的心中呢？或者，如果您没有上帝的心的观念就能设想上帝的心，那为什么我没有物质存在的观念就不容许我设想物质的存在呢？

菲：关于您的第一个问题，我承认自己对于上帝或其他任何精神都没有观念，因为这些存在者是主动的，不能被完全惰性的事物（如我们的观念）所表象。但是，我确实知道，我是一个精神或能思想的实体，我确定地知道我存在，就如我知道我的观念存在一样。而且，我还知道，我、我自己指的是什么，我直接地或直观地知道这一点，尽管我感知这一点不像我感知一个三角形、一种颜色或一种声音那样。心、精神或灵魂是不可分的无广延的东西，它思想、行动和感知。我说它是**不可分的**，因为它是无广延的；说它是**无广延的**，是因为有广延的、有形相的、可移动的东西都是观念，而感知观念的、有思想和有意志的东西本身显然不是观念，也与观念不相似。观念是被动的和被感知的东西，精神则是一种与它们完全不同的存在者。因此，我不说我的灵魂是一个观念，或与观念相似。然而，如果在更大的含义上理解观念一词，也可以说我的灵魂给我提供了一个观念，这个观念是上帝的形象或与上帝类似的东西，尽管这样说是极不恰当的。因为我具有的上帝的所有概念，都是通过反思我自己的灵魂、增加其能力、消除其缺陷而得到的。因此，我虽然没有一个被动的神的观念，但我自己却有某种主动的、能思维的神的形象。而且，我虽然不能用感官感知他，但我凭借反思和推理对他有某种概念或知道他。我对我自己的心和我自己的观念有直接知识，借助这些知识，我能间接地理解其他精神和观念存在的可能性。更进一步，根据我自己的存在，根据我在自身和我的观念中发现的依赖性，我在推理的行动中必然推出上帝的存在、上帝心中的一切被造物的存在。对您的第一个问题我就说这么多。至于第二个问题，我想到现在您可以自己回答了。因为您既不能像您感知被动的存在者或观念那样客观地感知物质，也不能如您通过反思活动认识自己一样认识物质，还不能借助与这两者之一的相似性来间接地理解物质，最后，您还不能通过根据您直接认识的东西进行推理来推出物质。所有这些都使**物质**的情况与**神**的情况大不相同。

海：您说您自己的灵魂向您提供了上帝的某种观念或形象，但在同时，您承认确切地说您没有您自己的灵魂的观念。您甚至肯定，精神是一种完全不同于观念的存在者。因此，任何观念都不可能与精神相似。所以，我们对任何精神都没有观念。然而您又承认，存在精神性的实体，尽管您没有它的观念。但是，当您否认能够存在物质实体这样的东西时，您又说那是因为您没有物质的概念或观念。这样处理公平吗？如果要首尾一贯地处理，您就必须要么承认物质，要么抛弃精神。对此，您有什么可说的呢？

菲：首先，我要答复您的是：我否认物质实体的存在，不只是因为我没有物质的概念，而且因为物质的概念是内部不一致的；换言之，是因为物质概念的存在是矛盾的。据我所知，许多事物，尽管我或其他人对它们没有或不可能有观念或概念，但它们也可以存在。但是，这些事物必须是可能的，也就是说，在它们的定义中决不能包含任何不一致的东西。其次，我要答复的是：虽然我们相信我们没有感知的事物存在，但是对任何特殊的事物如果没有某种理由，我们不会相信它存在；而我就没有理由相信物质的存在，我对它既没有直接的直观，也不能从我的感觉、观念、概念、行为或激情间接地推知一个无思想的、无感知的、被动的实

体——不论是通过可能的推论还是必然的演绎，都不能
得到这个结果。而我自己的存在，即我自己的灵魂、心
或思维的源泉，我通过反思明白认识它。如果面对以前
同样的责难，我作出了同样的答复，请您原谅我。在物
质实体的概念或定义中，确实包含着明显的矛盾和不一
致，但是对精神的概念可不能这么说。观念存在于无感
知的东西中，或者被不能行动的东西所产生——这样的
说法是自相矛盾的。但是，能感知的东西是观念的主
体，或者主动的东西是观念的原因——这样的说法没有
矛盾。我们都承认，我们对其他有限精神的存在，既没　176
有直接的证据也没有演证的知识，但不能由此就说这些
精神与物质实体是一样的：如果假设一方是不一致的，
那么假设另一方就不是不一致的；如果不能通过证明来
推出一方，却可能对另一方这样做；如果我们看到迹象
和效果指示出了像我们一样的独立的有限动作者，却不
会看到有什么迹象和征兆把我们引向对物质的合理信
仰。最后，我要说，我对于精神有一种概念，尽管严格
来说我没有它的观念。我不是把它作为观念来感知，也
不是借助观念来感知它，而是通过反思来认识它。

　　海：您虽然说了一大堆东西，但在我看来，按照您
的思维方式，根据您自己的原理来看，您自己似乎只是
一个浮动观念的体系，没有任何实体在支撑它们。文字
不能无含义地使用。既然在精神实体和物质实体中都没
有含义，那两者都是虚假的。

　　菲：我必须不断重复说，我知道或意识到我自己的

存在吗？我自己不是观念而是其他东西，是感知、认识、意愿和运作观念的能思想的主动源头吗？我知道，我这个同一自我，感知到颜色和声音①：知道颜色不能感知声音，声音也不能感知颜色；因此我是一个与颜色和声音不同的独立的源头，依据同样的理由，我是与所有其他的可感物与惰性的观念不同的。但是，我没有同样地意识到物质的存在或本质。刚好相反，我知道，包含矛盾的东西不能存在，而物质的存在就包含了矛盾。再进一步说，当我肯定存在一个精神实体或观念的支撑者，即精神知道和感知到观念时，我知道自己指的是什么。但是，当说一个无感知的实体，在它自己内包含着并支撑观念或观念的原型时，我就不知道这是什么意思。因此，总体上说，精神与物质不能等量齐观。

177　　**海**：我承认自己对这一点很满意。但是，您真的相信，可感物的真实存在就在于它们被实际感知吗？如果是这样，人们怎么要去区分它们呢？问一下您第一个遇见的人，他会告诉您：**被感知**是一回事，**存在**是另一回事。

　　菲：海拉斯，我满足于诉诸世人的常识来考察我的

---

① 洛克在《人类理智论》中主张人格或自我的同一性，但休谟在《人性论》中反对自我或人格的同一性，批评洛克的观点，认为"自我"只是观念的集合（这否认了贝克莱的"自我"是精神实体的观点）。休谟的观点被称为"束理论"（bundle theory）。"束理论"没有令人满意的解释，在不同感觉的内容与构成它们的被体验为属于同一主体的才能之间，存在什么关系。贝克莱提出了与康德的"统觉的统一"类似的东西，并用它来拒绝后来叫作的"束理论"，但贝克莱的观点没有受到足够重视。——译者

观点的真理性。如果您去问一个园丁，他为何认为那边
那棵樱桃树在园中存在，他会告诉您，因为他看到和触
摸到它，一句话，因为他用感官感知到它。又问他，为
何他认为橘子树不在那边，他会告诉您，因为他没有感
知到橘子树。他把感官感知的东西叫作真实存在者，说
它**是**（is）或**存在**（exists）；而对无感知的东西，他就
说那个东西不存在。

海：是的，菲洛奴斯，我承认一个可感物的存在
就在于可被感知（perceivable），而不在于被现实地感
知到。

菲：除了观念还有什么是可感知的呢？一个观念能
够没有被现实地感知而存在吗？这几点，我们早就同
意了。

海：即使您的观点是完全正确的，您也不能否认它
是令人震惊的、与人们的常识相反的。如果您问那个
人，那边那棵树是否在他的心外存在，您认为他会作出
什么回答呢？

菲：他的回答与我自己的相同，也就是说，树不是
存在于他的心外。但是，对一个基督徒来说，存在于他
的心外的那棵真实的树是被上帝的无限心所真正认识、
所理解的（即**存在于**上帝的无限心中的），这样的说法
确实没有什么惊人之处。也许，一个人乍看之下不能意
识到这种说法的直接证据，尽管一棵树或任何其他可感
物的真实存在就包含着它在其中存在的一颗心，而这一
点是他不能否认的。唯物论者与我之间的问题，不是万

物真实存在于这个人的心外还是那个人的心外，而是它们是否有一种绝对的、不同于被上帝所感知的存在、并且存在于所有心外。确实有些异教徒和哲学家对此予以肯定，不过无论谁，只要他怀有与《圣经》相合的神性概念，他就会持另一种看法。

海：按照您的看法，真实事物与由想象力形成的奇异之物或梦中的幻象，既然在心中都是一样的，那它们之间有什么区别呢？

菲：想象所形成的观念是微弱的、不清晰的，而且它们完全依赖意志。但是，感官感知的观念即真实事物，是更生动、更清晰的，是由不同于我们的精神印在心中的，不是同样地依赖我们的意志。因此，这种观念与前一种观念不会危险地相混淆。而梦中的幻象是暗淡的、不规则的、混乱的，更不容易与其混淆。虽然它们有时非常活泼、自然，但是由于它们之间没有联系，而且与我们生活中的情景没有任何联系，所以很容易同真实事物区分开来。简言之，您在自己的方案中无论采用什么方法来区分事物与幻景，很显然我也可以同样采用。因为我想，必须凭借某种可感知的差别才能区分二者，所以我不赞成剥夺您感知的任何一物。

海：但是，菲洛奴斯，您主张世界上只有精神和观念。您必须承认，这听起来非常古怪。

菲：我承认，**观念**一词通常并不用来表示**事物**，所以这听起来有些奇怪。我用它的理由在于，对心的一种必然关系被理解为是包含在观念这个名词中的，并且哲学家们现在通常都用它来表示理智的直接对象。但是，这个命题不论从字面听起来如何古怪，而在它的含义上并不包含什么奇怪或令人吃惊的东西。实际上，它的含义只是这个意思：只存在能感知的东西和被感知的东西；或者，每一种无思想的东西必然地且根据其存在的真实本性要被某一心所感知；如果不是被任何有限的被造的心所感知，那就肯定是被我们在其中生活、运动和存在的上帝的无限心所感知。而您则说，可感性质不在对象上面，或者说，我们不能确定事物的存在，不可能认识它们的任何真实性质，尽管我们看到、触摸到它们，用我们所有的感官感知它们，这不是同样很奇怪吗？

179

海：照此推论，难道我们不能认为，不存在作为物理的或有形的原因那样的事物，而精神是自然界所有现象的直接原因吗？还有比这种看法更荒唐的吗？

菲：但是，一种惰性的东西作用于心，没有知觉的东西是我们知觉的原因——这样的说法尤其荒谬百倍。此外，您不知其根据的、在您看来极其荒谬的东西，只是《圣经》中上百处所断言的东西。在那些地方，上帝被认为是所有那些结果的唯一的和直接的作者，而一些异教徒和哲学家则习惯于把这些结果归因到自然、物质、命运或者类似的无思想的原理。这是圣经上的常用语言，因此无须通过引用来确认这一点。

海：菲洛奴斯，您没有意识到，如果把上帝看作自然界一切运动的直接作者，那您就把他变成了谋杀、亵渎、奸淫以及类似可憎的罪恶的作者。

菲：在回答您的反驳时，第一，我注意到，不论一个人在实施犯罪时用不用工具，罪责的推定都是相同的。因此，当您假设上帝借助工具或缘由即所谓的**物质**的中介而行动时，您也像我一样真正地把他变成了罪恶的作者。而我与俗人不同：俗人把一切活动归因于自然，我则认为上帝是一切活动的直接动因。第二，我注意到，罪恶或道德败坏不在于外在的物理行为或运动，而在于内部的意志偏离了理性的法律和宗教，这是很明白的道理。在战场上杀死敌人或是根据法律处死罪犯，就不被认为是有罪的，尽管其外部行为与谋杀的情况完全相同。既然罪恶不在于物理行为，那么把上帝看成是所有这些行为的直接原因，就不是把他看成是罪恶的作者。第三，我没有在任何地方说过，上帝是产生一切物体运动的唯一动因。确实，我已经否认了除精神以外的任何其他动因，但是我允许有思想的理性存在者在运动的产生中使用有限的能力，这些能力尽管最终来自上帝，却是直接受他们的意志指引的，足以对他们的行为的罪恶负责。这两种说法是完全一致的。

海：但是，菲洛奴斯，我们争论的焦点是您否认物质或有形实体。您绝不能使我相信，否认物质与人类的普遍意识不矛盾。如果我们的争论采用多数票来决定的话，我相信您不用收选票就会放弃自己的观点。

菲：我希望我们两人的观点得到公正地叙述，让那些具有朴素常识却无学者偏见的人来评判。您可以把我描述成一个相信自己感官的人，认为自己知道所见、所触的事物且从不怀疑它们的存在；您也公正地阐述了您所有的疑问、您的悖论以及您对自己的怀疑。我愿意接受任何一个无利害关系的人的判决。除了精神再也没有能够容纳观念的实体，这在我看来是很明显的。直接被感知的对象就是观念，这是所有人都同意的。可感性质是被直接感知的对象，这是没有人能否认的。因此很显然，除了精神，没有其他东西可以作为可感性质的**基础**。可感性质在精神中存在，不是借助方式或属性，而是作为感知者所感知的事物而存在。所以，我否认感官对象有任何无思想的**基础**，否认在这种意义上存在任何物质实体。但是，如果**物质实体**只是指可见、可触的可感物体（我敢说，世上不懂哲学的俗人们就指这个），那么，我对于物质的存在比您、比任何其他哲学家所声称的还更坚信。如果有任何东西使得一般人反对我所赞成的观点，那是误解了我，以为我否认可感物的真实性。但是，既然犯此过错者不是我而是您，那么事实上他们的反对是针对您的观点而不是针对我的观点。因此，我敢宣布，我确信存在物体或有形实体（指被我的感官感知的东西），正如我确信我自己的存在一样。承认了这一点，那么即使有些人喜欢说有不可知的本性和哲学上的本质，则大多数人也不会思考、不会关心这些不可知的本性和本质的命运。

海：对此您要说什么呢？因为按照您的说法，人们根据他们的感官判断事物的真实性，那一个人为什么把

181

月亮误认为是直径大约一英尺的平面发光体呢？为什么在远处看方塔就误认为是圆的呢？为什么桨的一端在水中，就被误认为是弯曲的呢？ ①

菲：他对于自己实际感知的观念没有弄错，他的错误在于他根据当下的知觉作出的推论。例如，在桨的例子中，他通过视觉直接感知的东西确实是弯曲的，到此为止他是对的。但是，如果他由此就推论说，把桨弄出水面后他仍将感知到同样的弯曲，或者，当桨影响他的触觉时，他也像触及弯曲的东西，那他就错了。同样，如果他根据在某个地方感知到的东西，便推论说，在他向月亮或塔行进时也会受到类似观念的影响，那他就错了。但是，他的错误不在于他直接和当下感知的东西（假设他在这一方面犯错那是明显矛盾的），而在于他的错误判断：他把自己理解的观念与那些被直接感知的观念联结起来；或者他根据当下所感知的东西，想象在其他情况下也能感知到他所理解的观念。在哥白尼的体系中也出现了同样的情况。我们在现在的地方根本感知不到地球的运动，但是如果由此便推论说，即使我们在离地球很远的地方（就像我们离其他星球那么远），我们也感知不到地球的运动，那就错了。

海：我懂您了。我承认，您所说的有几分道理，但是我要提醒您一件事。菲洛奴斯，您现在明确地否定物质的存在，但您先前不是明确地肯定了物质的存在吗？

① 唯物论者海拉斯举了几个常见的例子来反驳感觉的可靠性。化身为菲洛奴斯的贝克莱巧妙地回答了这些责难。——译者

菲：我是明确肯定过，但有一种区别。我以前的明确肯定是未经考察的、建立在偏见上的，而现在的明确否定是经过研究之后、建立在证据上的。

海：说到底，我们的争论好像只是字面之争，而与事物本身无关。我们在事物上是一致的，但在名称上不同。显然，我们受到外来观念的影响；同样明显的是，与这些观念相应，在心外必定存在（我不说原型而说）一些力量。因为这些力量不能自己存在，所以必须承认它们有一个载体——我把它叫作**物质**，您把它叫作**精神**。这就是我们之间的所有差别。

菲：海拉斯，请您告诉我，那个有力量的存在者或力量的载体是有广延的吗？

海：它没有广延，但是它有能力在您之中引起广延的观念。

菲：因此它本身是无广延的。

海：我同意。

菲：它也不是主动的？

海：毫无疑问是主动的，否则我们怎么能够把力量归于它呢？

菲：现在让我问您两个问题。第一，把**物质**的名称给予一种无广延的主动存在者，这是否与哲学家以及其他人的用法一致？第二，与语言的通常用法相反，滥用名称，这是否荒谬可笑？

海：好啦，既然您不愿意，就不叫它物质吧，我们把它叫作与物质和精神不同的**第三自然**。因为，您把它叫作精神，这有什么理由呢？精神的概念不就意味着，它是能思想的以及主动的、无广延的吗？

菲：我的理由是这样的：因为我想在我所说的东西中有某种概念或含义，但我没有与意志不同的行为的概念，我也不能设想意志存在于除精神之外的任何其他地方，因此当我说到一个主动存在者时，我一定是指精神。此外，更加明显的是，一个自身没有观念的事物，不可能把观念传给我；如果它有观念，那它必定是精神。为了使您更清楚地理解这一点（如果可能的话），我也像您一样地断言：我们既然受到外部的影响，那我们必须允许那些力量存在于外界的一种与我们不同的存在者中。到此为止，我们是一致的。而说到这种有力量的存在者，我们就发生分歧了。我把它认作精神，您把它认作物质或是我不知（我可以说您也不知）其为何物的第三自然。我这样来证明它是精神的。我根据所看到产生的各种结果，推知有各种行动，从各种行动推知有各种意愿，从各种意愿推知必定有一个意志。还有，我感知的东西，它们本身或它们的原型一定在我的心外有一种存在，但是作为观念，不论是观念本身还是观念的原型，都不能存在于除理智之外的任何其他地方。因此，存在一个理智，而意志和理智在严格意义上构成了心或精神。所以，按照语言的严格用法，我的观念的有力量的原因正是**精神**。

海：现在我敢保证，您认为自己已经把这一点搞得很明白了，毫不怀疑您所主张的观点直接导致了矛盾。

想象在上帝中存在任何缺陷，那不是很荒谬吗？

菲：当然荒谬。

海：遭受痛苦是一种缺陷吧？

菲：是的。

海：我们是否有时受到来自其他存在者的痛苦和不安的影响？

菲：是的。

海：您不是说过，那个存在者是精神，那个精神是上帝吗？

菲：我承认这一点。

海：但是您曾断言过，我们感知的来自外部的任何观念都存在于影响我们的那个心中。因此，痛苦与不安的观念存在于上帝中；换言之，上帝受苦了；也就是说，在神圣的本性中是有缺陷的，您承认这是荒谬的。所以，您陷入了明显的矛盾中。

184

菲：上帝知道或理解一切事物，知道在其他事物中痛苦是什么，甚至知道每一种痛苦的感觉，并且知道他造的生物如何受苦，对此我没有问题。然而，虽然上帝知道痛苦是什么，有时还使我们产生痛苦的感觉，但您要说上帝自己受苦，我是断然否定的。我们这些有限的、非独立的精神，容易产生感官印象，容易受到一个外部动因的影响；这些印象和影响有时与我们的意志相违背，所以我们会感到痛苦和不安。但是上帝，任何外部存在者都不能影响他，他也不像我们一样用感官感知事物，他的意志是绝对的、独立的，能引起一切事物，而不被任何事物所阻挠、所抵抗。显然，这样的存在者绝不可能受苦，不会被痛苦的感觉所影响，甚至根本不受感觉的影响。我们是被束缚在身体上的，也就是说，我们的知觉是与身体的运动联系在一起的。根据我们的本性的法则，我们容易受到自己可感身体的神经部分任何变化的影响，而可感的身体在被正确地考虑之后，它只是这样的一些性质或观念的混合物，其存在就在于被心所感知。因此，感觉与身体运动的这种联系，只是意味着两套观念或两套被直接感知的事物之间的自然秩序是对应的。但是，上帝是纯粹的精神，远离了所有这样的交感作用或自然联系。在他的心中，不存在伴随苦乐感觉的身体运动。认识能认识的一切事物确实是一种完美，但是用感官来忍耐或受苦或感觉事物，那就是一种缺陷。我要说的是，只有前者符合上帝，而后者则不符合。上帝知道或拥有观念，但他的观念不像我们的观念那样，是由感官传给他的。您没有分清这里明显存在的差别，所以在本无荒谬之处您却想象您看到了荒谬。

海：但是，您一直都没有考虑到，物质的量（quantity of matter）已经被证明是与物体的重力成正比的。有什么能同证明相抗衡呢？

185　　菲：让我看看您怎么证明这一点。

海：物体中的运动能量或动量（moments or quantities of motion），同物体中所含的物质的速率和物质的量成正比。因此，如果速率相等，其运动能量一定同其所含的物质的量成正比。这是我承认的一条原理。但是，根据经验人们发现，所有物体（除去由空气阻力引起的微小不平衡）都以同样的速率下落，所以下落物体的运动（还有它们的重力，重力是下落运动的原因或原理）与物质的量成正比：这是被证明了的。

　　菲：任何物体的动量与其速度和其**物质**总和成正比，这是您认作的自明原理；但您反而用它来证明一个您从中推论出物质存在的命题。请问，这不是循环论证么？

　　海：我在前提中只是说，运动与速率以及广延和坚固性成比例。

　　菲：但是，即使这是真的，也不能推论说，重力与您的哲学意义上的**物质**成比例；除非您认为，那个未知的**基础**（您也可以叫作别的名称）与那些可感性质是成比例的。但是，如果这样假设，那分明又是乞词魔术①了。我乐于承认，有大小、坚固性或阻力等被感官所感知；我也承认，重力与那些性质是成比例的，对此我不争论。但是，要说我们所感知的这些性质，或者产生这些性质的力量，确实存在于**物质基础**中，这是我所否认而您实际上肯定的，但您虽然作了论证却没有证明这一点。

　　海：我不再坚持这一点了。然而，您认为您可以使我相信自然哲学家们一直在做梦吗？您回答我，他们的

---

① 　begging the question，即"循环论证"，是实质谬误的一种。它是指把尚未证明或解决的问题放在前提中，如果你承认了前提，就不得不承认结论，被用来回避主题。——译者

所有假设和对现象的解释都设定了物质的存在，按您的说法，这些假设和解释变成什么了呢?

菲：海拉斯，您用现象（phenomena）指什么?

186　　**海**：我指的是由我的感官感知的显象（appearances）。

菲：感官所感知的显象不是观念吗?

海：我已经告诉过您百十次了。

菲：因此，要解释现象就要表明，我们怎样受到各种观念的影响，观念以何种方式、何种秩序被印在我们的感官上，是不是?

海：是的。

菲：如果您能证明，有哲学家借助**物质**解释了我们心中的任何一个观念的产生，那我此后就默认您说的，并且把已经说过的所有反对物质的话视为无效。但是，如果您不能证明，却力图解释现象，那就是徒劳的。要说一个被赋予了知识和意志的存在者，可以产生或展示观念，那是容易理解的。但是，要说一个完全缺乏这些才能的存在者，能够产生观念，或以任何方式影响一个智力，这是我决不能理解的。我想说的是，虽然我们对物质有某种积极的意念（conception），虽然我们了解它的各种性质，能够理解它的存在，但是我们还不能解释事物，而物质本身是这世上最难解释的东西。不过，也不能因此就说，哲学家们一无所获。因为，他们根据观察和基于观念之间的联系所进行的推理，发现了自然的规律和方法，这是一部分既有用又有趣的知识。

海：说到底，可以假设上帝欺骗了全人类吗？如果没有物质这种东西，您能想象，他会引诱全世界的人来相信物质的存在吗？

菲：我相信您不会断定说，来自偏见、情绪和无思想的流行意见都可以归咎于上帝，好像他是始作俑者（Author）一样。我们依据他而产生的不论什么意见，必须要么是因为他通过超自然的启示把那个意见展示给我们；要么是因为这个意见对我们的自然才能（这些才能是由上帝产生并给我们的）来说是如此明显，我们不 187 得不同意。但是，启示在哪里？迫使我们相信物质的证据在哪里？如何表明，全人类都把物质看成是不同于我们的感官感知的东西、是真实存在的呢？如何表明，实际上除了极少数不知何为的哲学家还有人认为物质存在呢？从您的提问来看，您预设这些问题都弄清楚了；而当您把这些问题澄清之后，我认为自己有义务给您另外的答案。同时，我要告诉您，我不假定上帝已经欺骗了全人类。

海：但是，菲洛奴斯，这完全是标新立异！这里存在危险。新的观点应该总是被拒绝接受，它们扰乱人心，没有人知道其后果如何。

菲：我不能想象，反驳一种没有感觉或没有理性或没有神圣权威作为基础的观点，为什么会被认为是动摇人们去相信以感觉、理性或神圣权威为基础的观点。我自然承认，在政治和宗教领域的创新是危险的，应当被禁止。但是在哲学领域，有同样的理由来阻止创新吗？

使以前不认识的东西变成可知的，那是认识上的创新；如果所有这些创新都被禁止，那么人们将会在艺术和科学上取得显著进步 ①。但是，为奇谈怪论辩护，那绝不是我的事。您说：我们感知的性质不在对象上，我们一定不能相信自己的感官，我们对事物的真实性质一无所知，我们甚至不能确信事物存在，真实的颜色和声音只是某些不可知的形相和运动，运动本身既不快也不慢，在物体中存在没有具体大小或形相的绝对广延，一种愚笨的、无思想的、被动的东西可以作用于精神，物体的最小微粒也包含着无数的有广延的部分。这些真是新奇的看法、奇怪的观点，它们动摇了全人类的真实纯洁判断，一旦得以承认，人心就会被无穷无尽的怀疑和难题所困扰。为了反对这些和类似的创新，我竭力为常识辩护。诚然，在这样做的时候，我可能不得不使用某些拐弯抹角的和不常用的表达方式。但是，一旦我的观点被彻底理解了，那么其中最奇特的观点实际上不过是说，假设无思想的存在者在不被心所感知时存在，这是绝对不可能的和明显矛盾的。如果这个观点算是奇特的，那么直至今天在基督教国家仍然如此，这就是一种耻辱（shame）了。

海：关于其他意见可能引起的困难，与这里的问题无关。您的职责是要捍卫自己的意见。最明显不过的

188

---

① 关于 "men would have made a notable progress in the arts and sciences"，学者之间存在争论：would 后面省略了 "not"（"不"，这是人们的感官的直接反应），还是表达方式上的反讽。——译者

是，您不是要把所有事物变成观念吗？而您还不知羞耻地用**怀疑论**来指责我。这是很明白的，不能否认的。

菲：您误解了我。我不是把事物变成观念，而是把观念变成事物。因为知觉的直接对象，在您看来只是事物的显象，而我把它们看成是真实的事物本身（the very things themselves）①。

海：事物！装，您想怎么装就怎么装吧！不过，确定无疑的是，您留给我们的只是事物的空洞形式、只是刺激感官的外表。

菲：您所说的事物的空洞形式和外表，在我看来正是真实事物本身。根据您的假设，物质是所有有形事物的本质部分，事物才是空洞的或不完全的。因此，我们俩都承认，我们只感知可感形式，但是我们在这里的区别是：您把这些形式看成是空洞的显象，而我认为是真实存在物。总之，您不信任自己的感官，而我信。

海：您说过您相信自己的感官，并且赞许自己在这一点上与常人一致。因此，按您的说法，事物的真实本性是由感官发现的。如果这样，我们的不一致来自何处呢？为什么相同的形相或其他可感性质，不是被所有相同的方式感知到呢？如果物体的真实本性用肉眼就可以发现，为什么我们要用显微镜才能更好地发现呢？

菲：严格来说，海拉斯，我们所看见的对象与我们 189
所触的对象并不相同；肉眼感知的对象也与显微镜感知

---

① 这是典型的现象学观点。胡塞尔不承认现象背后有真实的实体或自在之物，现象就是事物本身。——译者

的对象不同。但是，如果每一个变化都被认为足以构成一个新类或新个体的话，那么无数的名称或名称的混乱就会导致语言无法实际使用。因此，为了防止这种情况以及稍加思索就可发现的明显不便，人们把几个观念合在一起，用若干个感官来了解，或者在不同的时间、不同的情况下用相同的感官来了解。然而，只要观察到这些观念在自然中有某种联系，即有共存关系或连续关系，就可以用它们来指一个名称，并且认为它们是指同一物。由此可以得出，当我用我的其他感官来考察我看见的一物时，那不是为了更好地理解我通过视觉感知的同一个对象，一个感官的对象不能被其他感官所感知。当我用显微镜来细看时，我不能更清楚地感知到我用自己的肉眼已经感知到的东西，通过显微镜感知的对象与肉眼感知的对象完全不同。但是，在这两种情况下，我的目的只是要了解什么观念是结合在一起的；一个人知道的观念的联系越多，人们就认为他知道的事物的本性越多。因此，尽管我们的观念变化不断，我们的感官不是在所有的情况下都受到同样的显象的影响，但也不能推论说，显象是不能相信的，显象与它们自己或其他事物是不一致的。但是，如果您的概念是单一的、不变的、不可感知的、用每一个名称来标志的真实本性（我不知道是什么），那么显象就同这样的概念是不一致的。您的偏见似乎来自没有正确地理解通常语言：人们在心里把几个不同的观念结合成一个事物。实际上，我们有理由猜想，哲学家们的许多错误的自负是由于同一来源：他们把自己的体系不是建立在概念上而是建立在文字上，而这些文字是俗人仅仅为了日常生活的方便和进行活动而造的，并未考虑思辨之用。

海：我大概明白您的意思了。

菲：您的观点认为，我们用感官感知的观念不是真实事物，而是影像或真实事物的摹本。因此，我们的知识的真实程度，取决于我们的观念对观念的原型进行表象的真实程度。但是，既然这些假设的原型本身是不可知的，那就不可能知道我们的观念与原型相似到何种程度，或者它们究竟是否相似。因此，我们不能确定我们有任何真实的知识。更进一步说，由于我们的观念是千变万化的，而假定的真实事物没有任何变化，那就必然得出结论：观念不可能都是真实事物的真正摹本。如果有些是真正摹本而另外一些不是，那也不能把前者与后者区分开来。所以，这样的说法会把我们推入更深的不确定性中。再者，当我们思考这一点时，我们不能设想任何观念或与观念类似的东西，在心外有绝对的存在；因此按照您的说法，我们无法设想在自然中怎么可能存在任何真实的东西。所有这些导致的后果就是，我们被抛入了最无希望、被人丢弃的**怀疑论**中。现在，请允许我问您：第一，这种**怀疑论**的根源是否是您把某些绝对存在的无感知的实体认作了观念的原型？第二，是感官还是理性告诉您那些不可知的原型存在？如果这两者都没有告诉您，您这种假设是不是荒谬的呢？第三，经过研究之后，您真的发现，所谓的**无感知的实体的绝对存**

在或外部存在是能被清晰设想的或有意义的吗？最后，在考察这些前提之后，最聪明的办法是不是遵循自然、信任您的感官、把所有关于未知本性或实体的焦虑想法放在一边，同俗人一样，把感官感知的东西认作是真实事物？

海：就目前来说，我暂时不想回答您。我只想看看您怎样回答我下面的问题。请告诉我，被一个人的感官所感知的对象，是否同样是当场的另一个人所能感知的？如果现场有一百多号人，他们也会像我看见花园、树木、花卉一样看见它们。但是，他们并不是按照相同的方式被我在想象中形成的观念所影响。这不就在感知的对象与想象的对象之间产生了差异吗？

菲：我承认有这种差异。我也从未否定过感觉的对象与想象的对象之间的差异。但是，您能由此推出什么呢？您不能因为可感对象被许多人感知，就说可感对象是不被感知而存在的。

海：我承认，我不能用此进行反驳，但是我还有其他的反驳理由。您的观点不是认为，我们用感官感知到的只是我们心中存在的观念吗？

菲：是的。

海：但是，相同（same）观念既然在我的心中，就不能在您的或其他人的心中。那么按照您的原理不是就可以推出：没有两个人能看见相同事物吗？这不是非常荒谬的吗？

菲：在通俗意义上看相同一词，不同的人确实可以感知相同事物，或者相同事物或观念存在于不同的心中（这与我主张的原理完全不矛盾）。词的含义是可以随意改变的，既然人们把相同一词用于被感知为没有区别或差异的地方，我也不能擅自改变他们的知觉，人们还像以前一样说，**几个人看见相同事物**，他们可以在类似的情况下继续使用相同的词组，这不会偏离语言的特性或事物的真相。但是，如果按照声称有抽象的同一性概念(abstracted notion of identity)的哲学家①的含义来使用相同一词，那么，从他们给同一性概念下的各种定义来看（因为关于哲学上的同一性存在于何处尚未达成一致意见），几个人也许可以、也许不可以感知相同事物。然而，把一事物叫作**相同事物**，不论哲学家认为是否合适，我都认为这个问题意义不大。让我们假设有几个人在一起，他们都禀赋有相同的才能，因此他们的感官所受的影响也是一样的，即使他们还不知道语言的用法，他们的知觉也毫无疑问是一致的。虽然，在他们使用语言时，有些人考虑到了被感知的东西的齐一性(uniformness)，可以把它叫作**相同事物**；而其他人特别注意到了感知者的差异性，他们会选择不同事物的

192

---

① 同一性特别是人格同一性问题是近代西方哲学讨论的热点之一。明确提出并论述这个问题的是洛克，他在《人类理智论》中依次讨论了同一性和差异性的概念、事物的同一性、人的同一性和人格同一性（参见 John Locke, *An Essay Concerning Human Understanding*, 8, Chapter XXV, II），莱布尼兹和休谟批评了洛克的观点，分别提出了自己的不同看法（参见拙著：《形而上学：经验论、唯理论与康德哲学》第三章，中国社会科学出版社 2020 年版），贝克莱的观点也主要是针对洛克的。——译者

名称。但是，谁没有看到这里所有的争论只是语词之争呢？即，被不同的人所感知的东西是否可以在上面用**相同**这个词呢？假设有一座房子，它的墙壁或外壳没有改变，但所有的房间都被拆除了，并在它们的地方建造了新的房间；这个时候，您可以把它叫作**相同的**房子，我也可以说它不是**相同的**房子。从房子本身来考虑，我们在房子的想法上不是完全一致的吗？所有的差别不是只在字音上吗？如果您说，我们的观点不同，因为您在您的房子观念上叠加了单纯的抽象同一性概念，而我没有；那么我要告诉您，我不知道您用**抽象的同一性概念**指的是什么，并且希望您反观自己的想法，确信您理解您自己……为什么沉默不语呢，海拉斯？人们可能在同一性与差异性上争论不休，但是他们从名称中抽取出来的思想和观点并没有真实的差别，我说得对吗？您还可以进一步反思。不论是否同意物质存在，情况是完全相同的。因为唯物论者自己承认，我们用感官直接感知的东西是我们自己的观念。因此，两个人不能看见相同事物——您的这个责难，既可以加于我也可以加于唯物论者。

海：但是，他们假设了外部的原型①，他们的各种观念都参照这个原型，所以真的可以说他们感知到了相同

---

① 唯物论者海拉斯有一个重要观点：我们不只是把世界理解为一束可感特征，而且理解为一个对象，因此，需要理解对象的概念。这与当代的概念分析是非常符合的。但是，贝克莱反对这样的观点。——译者

事物。

菲：（且不提您已经抛弃了那些原型）您可以根据我的原理假设一个外部原型。**外部**，我指的是您自己的心外，虽然实际上必须假设这个原型是存在于包含了所有事物的那个心① 的；但是，这可以满足同一性的所有目的，就好像同一性是存在于心外的。我敢肯定您自己不会说，这太难理解了。

海：您已经讲得很清楚了，我很满意。在这一点 193 上，根本没有什么难题了；即使有难题，也是两种观点共有的。

菲：但是，与两种矛盾的意见同样相反的东西，不能作为反对其中一种的证据。

海：我承认。不过，菲洛奴斯，在我考察了您用以反对怀疑论的实质的东西之后，它不过是如此：我们确信自己真实看见、听到、触摸的东西，一句话，我们受到可感印象的影响。

菲：我们还能关注其他东西吗？我看见这个**樱桃**，我触摸它，尝着它；而且我肯定，只有被看到、触摸到或尝到的**东西**，才是真实的。如果去掉柔软、湿润、红色、酸甜的感觉，那您就去掉了**樱桃**。因为樱桃不是与这些感觉不同的东西。我想说，**樱桃**只是一组可感的印象或被各种感官感知的观念。我们观察到这些观念是相互连带的，所以它们被心结合成了一物（或者心给予它

---

① 即上帝之心。——译者

们一个名称）。因此，在上颚受到这种特殊味道的刺激时，视觉也受到红色的刺激，触觉受到圆形、柔软的刺激，等等。所以，当我以各种方式看到、触摸到、尝到**樱桃**时，我就确定**樱桃**存在或是真实的，它的真实性在我看来不是与这些感觉分离的。不过，如果您用**樱桃**指的是一种与所有这些可感性质不同的不可知的本性，用樱桃的存在指的是与其被感知不同的东西，那么我认为，无论是您还是我或任何其他人，都不能确定它存在。

海：但是，菲洛奴斯，您虽然反对可感性质在物质**基础**中存在，如果我以同样的理由来反对它们在心中存在，您会说什么呢？

菲：在我看到您的理由时，您就会听到我要说什么了。

海：心是有广延的还是无广延的？

菲：毫无疑问，无广延的。

海：您说您感知的东西是在您心中吗？

194　　**菲**：是的。

海：还有，我不是听您说到过可感印象吗？

菲：我相信您听到过。

海：噢，菲洛奴斯！您现在给我解释一下，在您的心中怎么可能有空间容纳所有树和房屋的存在。有广延的东西能被包含在无广延的东西之中吗？或者，我们能想象在完全没有坚固性的东西上刻有印象吗？您不能说，对象在您心中，如同书本在您的书房中、封印在蜡上。我们要在何种意义上去理解您的那些表述呢？如果您能向我解释清楚这一点，那我也能够回答您前面就我的基础提出的所有疑问。

菲：海拉斯，当我说对象存在于心中或印在感官上面时，您要注意，不能在普通的字面意义上去理解，就好像说物体存在于某个地方、封印压在蜡上一样。我的意思只是说，心理解或感知它们，而且心受外界的影响，受到与它自己不同的东西的影响。这是我对您的难题的解答。这个难题怎么使您那无感知的物质基础的教条变得容易理解，我好想知道答案。

海：哦，如果这就是问题的全部，我承认我看不出如何能够利用这个难题。但是，在这一点上，您就没有滥用语言的过失吗？

菲：我根本没有滥用。您知道共同的使用习惯是语言的规则，我的用法是遵守语言使用习惯的。哲学家把理智的直接对象说成是存在于心中的东西，那也是很通常的说法。这些话也是与语言的一般类比相符的，并无奇特之处。表示心理活动的大部分语词都是从可感事物借来的。比如，**理解**（comprehend）、**反思**（reflect）、**论述**（discourse）①，等等，在把它们用于心时，绝不能在它们的普通的原始意义上去理解，这是很明显的。

海：我承认，在这一点上您又使我感到满意了。但是，这里还有一个更大的难题，我不知道您如何克服。 195

---

① comprehend 的原意为"包含"，reflect 的原意为"反射"，discourse 的原意为"跑来跑去"。——译者

这个问题很重要，即使您能够解决所有其他问题，但不能找到这个问题的答案，您也休想我变成您的原理的信徒。

菲：那您告诉我这个最大的难题吧。

海：在我看来，《圣经》上关于**创造**的记载与您的观点完全不符。摩西将创造告诉了我们。什么被创造了？观念被创造了？当然不是，而是事物、真实的事物、坚固的有形实体被创造了。如果使您的原理与此相符，也许我会同意您的观点。

菲：摩西提到了太阳、月亮和星星，大地和海洋，植物和动物，所有这些确实是真实存在的，它们在太初是由上帝创造的，对此我没有疑问。如果您用观念指的是心中的虚构和幻想，那么这些东西当然不是观念。如果您用观念指的是理智的直接对象，或是不能被感知而存在或在心外存在的可感事物，那么这些事物就是观念。但是，您是否把这些东西叫作**观念**，那都无关紧要。这里的差别只是一个名词而已。这个名词是保留还是废弃，事物的含义、真相和实在依旧不变。在通常的交谈中，您的感官的对象不叫作**观念**而叫作**事物**，您可以依旧这样叫。如果您不把它们归结为任何绝对的外部存在，我绝不会再与您争论一个字。因此，说到创造，我也承认是事物、**真实**事物的创造。显然，按照我的原理，这一说法与我刚才讲的没有丝毫冲突；如果您没有忘记我以前常说的话，那我现在不提这一点，这对您来说也是很明显的。至于坚固的有形实体，我希望您说明摩西在什么地方提到过它们。如果摩西或其他受到启示的作者，提到了那些有形实体，那您还得说明，为什么那些词不在通俗意义上被理解为进入我们感官的事物，而是在哲学的意义上被理解为具有绝对存在的物质或不可知的本质。如果您证明了这几点，那么（直到那时）您才可以把摩西的权威引入我们的争论。 196

海：争论非常清楚的观点就是白费功夫。我很乐意将它交给您自己的良心。我说摩西对创造的记述与您的观点存在特殊矛盾，您感到不满意吗？

菲：如果可以设想，对《创世纪》中第一章的所有可能的解释与我的原理一致，正如同其他原理一致那样，那么《创世纪》与我的原理就没有什么特殊矛盾。凡是我能想到的含义，也是您能想到的。因为，除了精神，您设想的所有东西都是观念，而观念的存在我是不否认的。您也不会妄称观念是在心外存在的。

海：请您告诉我，您对《创世纪》是怎样理解的。

菲：好的。我想象，如果我在创造的现场，我会看到万物产生进入存在，也就是说，按照神圣的历史学家所描述的秩序，变成可感知的东西。我以前就相信摩西对创世的记述，到现在我发现我信仰它的方式没有任何改变。当人们说万物开始其存在或结束其存在时，并不是就上帝而言的，而是对他的被造物说的。一切对象被上帝永恒地认识着，或者说，在他的心中永恒地存在。但是，原来被造物不可感知的东西，借助上帝的命令，变成了他们可以感知的，那么它们就被说成是：对于被

造的心，开始了相对的存在。因此，我在阅读摩西的
《创世纪》时，我理解到，世界的各个部分逐渐变成了
被赋予了恰当才能的有限精神可以感知的；所以，不论
谁在现场，它们实际上都被他们感知到。这是《圣经》
里的话向我提示的明显的文字意思。在《圣经》中，从
没有提过或想过基础、工具、缘由或绝对存在。如果您
研究一下，我不怀疑，您一定会发现，凡相信创世说的
那些最诚实的人，一定像我一样来思考那些东西。至于
您在《创世纪》中可能读出什么形而上学的意思，那只
有您能告诉我们了。

197　　**海**：但是，菲洛奴斯，您似乎没有意识到，您只容
许太初的被造物有一种相对的、因此是假设的存在。也
就是说，您先假设有人感知它们，没有这个假设，它们
就没有绝对存在的现实性（创造在绝对存在中就终止
了）。因此，按您的观点，无生命之物的创造不是明显
地不能先于人的创造吗？这不是同摩西的记述直接相反
的吗[①] ？

　　菲：在回答这个问题时，我要说：首先，除了人
类，被造的东西可以在开始时存在于其他被造的智力
者的心中。因此，如果您不首先表明，在人类之前根
本不存在其他有限的被造精神，您就不能证明我的观

---

① 按照《创世纪》的记载，神先创造了天地、物质元素，然后创造了
　植物和动物，最后神按自己的形象用尘土创造了人，并把大地给了
　人，要人管理大地上的一切植物和动物。所以，人的创造明显后于
　植物和动物的创造。——译者

点与摩西的记述存在矛盾。其次，我想说，如果我们设想当时的创造，就像我们现在一样，在没人居住的沙漠中，由不可见的力量产生出各种植物和蔬菜：这样的解释或设想方式与我的原理是一致的，因为它们没有剥夺您的任何可感物或可想象之物，它们也完全符合人类共同的、自然的、纯洁的观点。这些思想表明所有事物都是依赖上帝的，因此，产生了所有好的结果或影响，那个重要信条使人类谦卑、感恩、服从他们的创造者。再次，我要说，在这种剥夺了言词的赤裸裸的事物概念中，绝不可能发现您叫作**绝对存在的现实**的概念。您当然可以用这些术语扬起灰尘①，漫无目的地延长我们的争论。但是，我恳求您平心静气地观察自己的思想，然后告诉我，那些术语是不是无用的、难以理解的呓语。

海：我承认，我没有把非常清晰的概念附加在这些术语上。不过，您对此要说什么呢？您不是认为，可感事物的存在就在于它们在心中吗？一切事物不是永恒地在上帝的心中吗？按您的说法，它们不是永恒地存在着吗？永恒的东西怎么可能在时间中被创造出来呢？还有什么推理比这更清楚、更严密的呢？

菲：您不是也认为，上帝永恒地知道一切事物吗？ 198

---

① "扬起灰尘"（raise a dust），贝克莱在《人类知识原理》导论第 3 节说："迄今哲学家们用于自娱的、阻碍了通往知识之路的那些难题，大部分（即使不是全部）都是来自我们自己的。我们先是扬起了灰尘（That we have first rais'd a Dust），然后抱怨说：我们看不见！"贝克莱在这里又用了这个说法。——译者

海：我是那样认为的。

菲：因此，一切事物一直在那个神圣理智中存在着。

海：这个我承认。

菲：所以，按照您自己承认的，从上帝的心来说，没有任何东西是新的或开始存在的。在这一点上我们是一致的。

海：那我们怎么理解创造呢？

菲：我们不可以理解为创造完全是对有限精神而说的吗？当上帝命令说，万物应当按照他当时建立的秩序和方式（我们现在叫作自然律），成为可被智慧生物感知的东西时，对我们而言，这些事物不就可以被恰当地说成是开始了它们的存在或被创造出来了吗？如果您愿意您可以把这叫作**相对的或假设的存在物**。但是，只要它向我们提供了关于摩西的创造史的最自然、最明显、最符合字面的意思；只要它回应了那篇伟大作品的所有宗教性的目的；一句话，只要您不能再赋予其有替代性的其他意思或意义，那我们为什么要拒绝它呢？您是要去迎合那种荒谬的怀疑论的心态，把任何事物都变成胡说和不可理解的吗？我肯定您不敢说，为了上帝的荣光您才拒绝那种存在物。因为即使您承认，我们能够设想，有形世界在上帝的心以及所有被造精神的心之外有一种绝对的实存，那这怎么能说明上帝的广大无边或无所不知，或一切事物都必然地直接依赖他呢？不能，这不是贬损了上帝的德行吗？

海：好的。但是，关于上帝使事物变成可感知的这
道命令，菲洛奴斯，您要说什么呢？上帝是从一切永恒
（from all eternity）就开始实施这道命令，还是在某个时
候开始想要（will）他以前没有想要、只是计划想要的
东西呢？如果是前者，那么在有限事物中就不可能有创
造或存在的开始。如果是后者，那我们必须承认，神遭
遇了新的东西，神包含了一种变化，而所有的变化都表
明了不完善。这不是很明白的吗？

199

菲：请您考虑一下您在做什么？这种反驳不是明显
地同样在攻击任何意义上的创造吗？不是在攻击可由自
然之光发现的神的其他行为吗？我们只能设想，神的所
有行为都是在时间中实施的，因而有开始。上帝是具有
超越性的和无限完善的存在者，因此他的本性是有限精
神不能理解的。所以，不能指望，任何人——**唯物论者**
或**非唯物论者**，对神、神的德行和活动方式能够有非常
准确的概念。如果您根据事物的推论来反对我，您的难
题一定不是来自我们的神圣本性概念的不恰当性——这
在任何方案中都是不可避免的，而是来自我对物质的否
定——但在您现在反驳的东西中，无论是直接还是间接
您都没有提到一个字。

海：我必须承认，您极力想澄清的难题只是产生自
物质的非存在（nonexistence），这是物质这个概念特有
的难题。到目前为止，您是对的。但是，无论如何，我
都不认为，在创世说和您的观点之间不存在这种特殊矛
盾，虽然我不能明确地知道这个矛盾在哪里。

菲：您究竟要什么？我不是承认事物有双重状态吗——一种是复制的或自然的状态，另一种是原型的和永恒的状态？前者是在时间中被创造的，后者是永久存在于上帝心中的。这与神学家的通常观点不是一致的吗？为了设想创造还必须要用其他的说法吗？但是，您怀疑存在某种特殊矛盾，而您又不知道矛盾在哪里。为了消除在这件事情上所有可能的疑虑，请您考虑这一点。您或者无论基于什么样的假设都不能设想创造，如果这样，您就没有理由不喜欢或者抱怨我在此问题上的特殊意见；或者您能够设想创造，如果是这样，那为什么不根据我的原理来设想呢？因为我的原理并没有取消任何可设想的东西。您一直都被允许完全使用感官、想象力和理性。因此，您在以前用您的感官才能直接或间接理解的东西，或由您的感官推出的东西，您能够感知、想象或理解的任何东西，还仍然存在。如果您根据其他原理所设想的创造的概念是可以理解的，那么根据我的原理也是如此；如果那个创造概念是无法理解的，那我就认为它根本不是概念，没有它并没有什么损失。因此在我看来很明显，物质的假设、完全不可知和不可设想的事物的假设，并不能使我们设想任何东西。如果物质的存在不能使创造变成可设想的，没有物质创造也是不可设想的，那您就不能反驳物质不存在的观点了。我想这是无须证明的。

海：我承认，菲洛奴斯，在创造这个问题上您差不多使我感到满意了。

菲：我很想知道，您为什么还不能完全满意呢？您告诉过我，在摩西记述的历史与非物质主义（immaterialism①）之间存在矛盾，但是您不知道矛盾在何处。海拉斯，您这样合理吗？您能期望我不知道难题是什么就去解决它吗？我们不提这些吧。人们不是认为，您相信在唯物论者接受的观点与受启示而写的著作之间不存在矛盾吗？

海：我相信是如此。

菲：《圣经》中的历史部分，是应该按照浅近、明显的意思来理解呢，还是应该按照形而上学的、不着边际的意思来理解呢？

海：当然是按照明显的意思来理解。

菲：当摩西说到上帝创造的草、土、水等东西时，您认为每一个非哲学的读者所得到的提示不是那些词语所通常表达的可感事物吗？

海：我不能不这样想。

菲：根据唯物论的学说，所有观念或被感官感知的事物，不是被否认为真实存在的吗？

海：这一点，我早承认过了。

201

菲：因此，按照他们的观点，创造不是可感事物的创造，因为可感事物只有相对的存在；而是某种不可知的本性的创造，这种本性有绝对的存在：在绝对存在中创造可能就终结了。

---

① 按照"唯物论"（materialism）、"唯心论"（idealism）的译名，这个词也可以译为"非唯物论"。——译者

海：正确。

菲：因此，断言有物质的人不是明显破坏了摩西的浅近、明白的含义吗？他们的观点不是与摩西的含义完全相悖的吗？他们不是舍弃了明白的含义，而强迫我们去理解彼此都莫名其妙的东西吗？

海：我无法反驳您。

菲：摩西告诉了我们创造的事情。究竟创造了什么呢？是不可知的本质、缘由或基础吗？肯定不是的，被创造的东西是感官可明显感知的。如果您希望我与您的观点协调一致，则您必须首先使您的观点与此观点协调一致。

海：我看您是要用吾之矛以陷吾之盾了。

菲：关于**绝对存在**，我们还知道过有比这更空虚的概念吗？它是太抽象、太不可理解的，您已经坦率地承认您不能设想它，也不能用它来解释任何东西。我们即使承认物质存在，承认绝对存在的概念明如阳光，但是有人曾经知道它使创造说变得更可信吗？更有甚者，这个概念不是向历代的无神论者和异教徒提供了最似是而非的证据来反对创造说吗？一个在众多精神的心之外绝对存在的有形实体，居然可以通过一个精神的纯粹意志从无中产生出来！这事一直被认为是完全违背理性的，绝不可能的。更为荒谬的是：不仅古代的最著名人物，就是许多现代的和基督教的哲学家也认为，物质与神是同样永恒的。把这些道理统合来看，您就可以判断，唯物论是否使人相信事物的创造了。

海：我承认，菲洛奴斯，那是不能够相信的。关于**创造说**，这是我能想到的最后一个反驳，而我必须承认，这个问题像其他问题一样都得到了圆满的解答。现在也没有什么需要克服的难题了，但是我发现自己在面对您的观点时，还有一种说不清楚的想往后退缩。

202

菲：当一个人不知道为什么摇摆到问题的一端的时候，您不认为这只能是偏见的后果，只是由根深蒂固的观点所必然伴随的偏见吗？实际上在这一方面，我不能否认，在受过良好教育的人当中，对物质的信仰比对相反观点的信仰，是明显占优的。

海：我承认事实似乎像您说的一样。

菲：因此，为了平衡这种偏见的重量，我们可把非物质主义在宗教和世俗学问方面所产生的重大利益，放到天平的另一端。神的存在、灵魂不朽，宗教的这两大信条，不是得到了最清楚、最直接的证据的证明吗？当我说一个**神**存在时，我不是指我们对其没有概念的、模糊的事物的一般原因，而是指这个词的严格意义上的上帝（God）①。他的精神性、遍在性、意旨、全知、全能、至善，是像可感物的存在一样明显的；而对于可感物（尽管怀疑论者妄发谬论，故作怀疑），我没有理由怀疑，就如没有理由怀疑我们自己的存在一样。

至于人文科学，在自然哲学中，物质的信仰不是把人们带入了非常复杂、非常含混、非常矛盾的境地吗！

---

① 当 God 用作可数名词（单数或复数）时，译作"神"；而当 God 专用，没有单复数时，译作"上帝"。——译者

且不说，就物质的广度、连续性、同质性、重力、可分性等所发生的无数争论，他们不是声称，要按照运动律，用物体的相互作用来解释一切吗？他们真的能够理解任何一个物体推动另一个物体吗？即使我们承认，把一个惰性的存在物的概念与一个原因调和起来没有困难，一种偶性从一个物体转移到另一个物体也不难想象；但是，他们那种勉强的思想和过度的假设，能够使他们用机械论说明任何一个动物体或植物体的产生吗？他们能用运动律来解释声音、滋味、气味、颜色，解释事物的有规则的进程吗？他们用物理原理解释了宇宙中最不值得考虑的部分所具有的能力倾向和创造才能吗？然而，如果除去物质和有形的原因，只承认一个完美无缺的心的效能，那么自然界的一切结果不是都容易理解了吗？如果现象不是别的只是**观念**，那么上帝就是精神，而物质只是无智能、无感知的存在物。如果他们在现象的原因中证明了一种无限的能力，那么上帝就是主动的和全能的，而物质只是一堆惰性的东西。如果现象的秩序、规则和用处使人惊叹不已，那么上帝就是无限智慧的、深谋远虑的，而物质则是缺乏一切创造才能和设计的。可以确定地说，这几点就是**物理学**（physics①）的巨大优点。更何况，如果人们顾虑的是遥远的神，他们自然会在自己的**道德**行为上疏忽大意；反之，如果他们认为上帝直接就在眼前，上帝无须物质或无思想的

① physics，这里的"物理学"应理解为"自然哲学"，不是狭义的物理学。——译者

次要原因的介入，就会作用于他们的心，他们就会更谨慎。

再说形而上学。关于抽象的存在物，实体的形式，原始物质的原理，可塑的本性，实体与偶性，个体化原则，物质思维的可能性①，观念的起源，都是很大的难题。两种差异巨大的独立实体，如**精神**与**物质**，如何相互作用，也是很大的难题。但是我想说，如果我们只假设精神与观念，我们就能避免这些难题和由这些难题以及其他无数的类似难题所引起的无休止的争论。

甚至**数学**的各个部门，如果我们取消了有广延的事物的绝对存在，它们也变得更清楚、更容易。在这些科学中，最惊人的奇谈怪论、最复杂的思辨，都依赖有限广延的无限可分性，而无限可分性又依赖物质的假设。

但是，我们又何必专门讨论各种具体科学呢？古今怀疑论者建立在同一基础上的狂乱想法，不是同所有科学相对立的吗？在反对有形事物的真实性，或者承认人们完全不知道事物的本性的各种证据中，您能举出一种不是假设事物的真实性在于外部的绝对存在的吗？实际上，如果假设事物的外部的绝对存在，那人们用鸽子颈

---

① "the possibility of matter's thinking"，这是贝克莱的天才构想，尽管他否定了这样的可能性。物质不能思维，灵魂不占有空间，这是西方哲学自古已有的并在笛卡尔那里被定下来的教条。在黑格尔那里，这样的教条被发展到极致。法国唯物论者狄德罗提出"物质是活的"思想，已经是很大突破。辩证唯物论打破传统的教条，认为世界统一于物质，物质能够思维，思维是物质发展到一定阶段的产物。但是，物质如何产生思维的问题，迄今并未得到科学上的证明。——译者

204　子上颜色的变化或者木桨在水中的曲折现象来责难您，您就必须承认这是很有分量的。但是，如果我们不主张绝对的外部起源的存在，而把事物的真实性放在转瞬即逝的观念中，那么这些以及类似的责难都会烟消云散。不过，观念不是随意变化的，而是遵循固定的自然律变化的，因为事物的恒常性和真相都在于此，它确保了人生的所有关切，并把**真实的**事物与想象的无规则的幻相区分开来。

海：您现在所说的话我都同意，并且我承认，我之所以愿意接受您的观点，只是因为我看到您的观点会带来许多好处。我是天生懒惰的，您的观点可能是获取知识的一条大捷径。如果采用了**非物质主义**的单纯概念，就可以避免多少怀疑、多少假设、多少娱乐迷宫、多少争辩战场、多大伪学的海洋！

菲：我们到底还有什么未了的问题呢？您应该记得您曾经许诺过，在经过考察之后，如果那种观点看起来最符合常识、远离怀疑论，您就相信它。从您自己承认的来看，这种观点就是否认物质或有形事物的绝对存在的观点。不仅如此，这种观点已经得到各种方式的证明，在不同的观点下被考察过，它的各种结果被追寻过，对它的所有责难都已澄清。还能有更大的证据来证明它的真理性吗？它既然具有了正确意见的一切标志，它还能是假的吗？

海：我承认，自己目前在所有方面都完全满意了。但是，我怎么能保证，以后尽管同样地完全赞同您的意见，就不会发生未曾想到的责难或难题呢？

菲：海拉斯，您回答我，当一种论点得到明显的证明时，您会在其他情况下因为它可能遭遇的责难或难题，就拒绝同意吗？因为关于不可通约数、接触角、曲线渐近线及类似东西的学说存在难题，就足以使您坚决反对数学证明吗？因为您不知道如何把某些特殊事情与上帝的意旨相协调，您就不相信上帝的意旨吗？即使非物质主义存在难题，但同时也有许多能证明它的直接的、明显的证据。然而，对于物质的存在，不但没有一条证据，而且还有大量反对它的难以答复的理由。您坚持认为的最大难题在哪里呢？可惜呀！您还不知道难题在哪里、难题是什么，只是知道将来可能会发生什么事情。如果这就是您不能完全同意的充分的借口，那么任何命题，虽然它没有例外，论证得很清楚、很严密，您也绝不会同意的。

海：菲洛奴斯，我对您说的东西很满意了。

菲：为了使您防御将来的所有责难，您要注意到，凡与两种矛盾的意见同样不相容的观点，不可能作为证据来反对其中的一种。因此，以后不论什么时候有难题产生，都要试一试能否在唯物论者的假说的基础上找到解决办法。不要被文字所骗，而要倾听您自己的想法。如果您借助**唯物论**不能更容易地设想它，那么很显然这个难题并不能对**非物质主义**构成责难。如果您一直按这条规则往前走，您可能会在反驳上省去很多麻烦。您虽然提出了很多难题，可是您能举出哪一个是用物质来解

205

释的吗？哪一个不是没有物质的假设更容易理解的？因此，这些难题不但没有**支持**物质假设，反而变成了**反对**它的东西。您应当考虑到，在每一种具体情况下，难题是否来自**物质的不存在**。如果不是，您还用这一难题来反对**非物质主义**，那就如同用广延的无限可分性来反驳神圣的先知。回想起来，我发现您多半会这样，虽然不是经常如此。还有，您在论证时不能**窃取论点**（petitio principii①）。人们很容易说，不可知的实体应当被看成是真实事物，而不是我们心中的观念；谁能说那个无思想的外部实体不可以在观念的产生中作为原因或工具而同时存在呢？但是，这种推论不就是先假设了外部实体存在吗？这种假设还不是窃取论点吗？但最重要的是，您应该提防，不能用庸俗的诡辩自欺，那种庸俗的诡辩叫作**诡辩论证**（ignoratio elenchi②）。您经常谈道，好像我认为我曾主张过可感事物的不存在，而事实上，没有人像我一样更彻底地确信它们的存在。恰恰是您怀疑它们的存在，我还可以说，肯定是您否定它们的存在。凡是被感官看见、触摸、听到或任何方式感知的东西，根据我拥有的原则，都是真实事物，但是根据您的原理就不是如此。您要记住，您所力争的物质只是某种不可知的（unknown）莫须有之物（somewhat，如果可以叫作莫须有之物的话），它被剥夺了一切可感性质，既不能

---

① *petitio principii*: 拉丁语，窃取问题的谬误。——译者
② *ignoratio elenchi*：拉丁语，遗漏论点的谬误，逻辑学中指用歪曲对方论点的手法来驳斥对方。——译者

被感官感知，也不能被心理解。您要记住，我说过这个东西不是什么对象，它不是硬的或软的，热的或冷的，青的或白的，圆的或方的，等等。而所有这些东西我都肯定它们存在，尽管我否认它们的存在不同于其被感知，或者它们存在于一切心之外。好好想想这几点，并时常记在心里。否则，您就不能理解这个问题的状况，不理解问题的状况，您的反驳就总是无的放矢，不但不能击中我，而很可能反过来指向（已经屡次发生过）您自己的观点。

海：菲洛奴斯，我必须承认，似乎只是因为我**对同一问题作了误解**，我才一直不同意您的观点。在您否定物质时，起初我不由自主地想象您否定了我们看到、触摸到的东西，但是反思之后我发现这并没有根据。因此，保留**物质**这个名称，把它用于可感事物，您觉得怎样？这样做可以不改变您的观点，但请相信我，这是一种把您的观点与某些人和解的一种手段，这些人对文字的革新比起对观点中的革新更为惊恐。

菲：我衷心赞成：保留**物质**一词，并把它用于可感对象，只要您不把一种异于被感知的存在归于感官对象。我不会在表述问题上与您争论了。**物质**或**物质实体**，是哲学家引入的名称，他们用它来指一种独立性，或一种异于被心感知的存在；但普通人是绝不使用的，即使曾经用过，也是指感官的直接对象。因此，人们可以认为，只要一切具体事物的名称还保留着，只要**可感的**、**实体**、**物体**、**材料**（sensible, substance, body, stuff）

207

等术语还保留着，物质这个词就绝不会在日常交谈中缺失。而在哲学的谈论中，最好的办法似乎是丢弃它，因为使用那个含混的一般名词，也许最可能使相信**无神论**的人的心灵更加堕落和扭曲。

海：好了，菲洛奴斯，我既然愿意放弃心外的一个无思想的实体的概念，我认为您不应该否认我有一种特权：我可以随意使用物质一词，把它并入只在心里存在的可感性质的集合体。我坦白承认，在严格意义上，除了**精神**不存在其他实体。但是，我长时间地习惯使用**物质**一词，以致不知如何抛弃它。可以说，世上如果没有物质，这会很令我惊讶。如果用**物质**一词来指心外存在的无思想的实体，那么不存在**物质**；但是，如果用**物质**指的是某种可感事物，其存在在于被感知，那么就存在**物质**。我想这样一区别，就把物质的含义完全翻转过来了，当您的观点以那种方式被提出时，人们就比较容易理解了。因为，关于严格意义上的物质的争论毕竟完全存在于您和哲学家之间。我承认哲学家的原理都不如您的原理贴近自然、符合人类常识和《圣经》。

我们趋向或回避事物，只是因为它将构成或被理解为构成了我们的幸福和痛苦的一部分。但是，当绝对存在或不可知的存在物是从与我们的所有关系中抽象出来的时候，幸福或悲惨、喜悦或悲伤、快乐或痛苦，与这样的存在或存在物有什么关系呢？很显然，只有当事物令我们愉快或不快时，才与我们相关，而只有它们被感知时，才能令我们愉快或不快。因此，再进一步，我们

208

就不再关心了。到此为止，如您所发现的，事物并无增减。不过，在这个学说中仍然有某种新东西。很明显，我现在的看法既与哲学家的不同，也与常人的看法不完全相同。我想知道，在这个问题上情况究竟是怎样的，准确点说，您在我以前的观点中添加了哪些东西，或改了哪些东西？

菲：我不假装是**新观点**的建立者。我努力做的只是，把以前在常人与哲学家之间分享的真理合在一起，置于更明亮的光线之下。常人的观点是：**他们直接感知的事物就是真实事物**；哲学家的观点是：**被直接感知的事物是只存在于心中的观念**。把这两种观点合在一起，实际上就构成了我主张的东西的实质。

海：我已经好久都不信任我的感官了。我以为我是在昏暗的光线下戴着假眼镜看东西的。现在，假眼镜被拿掉了，新光线透射到我的理解力上。我很清楚地确信，我看到了事物的本来形式，而不再对它们的不可知的本性或绝对存在感到痛苦了。这就是我现在发现的自己的心情，尽管我还不十分很明白我何以走向这一步。您在出发时依据的原理与学院派、笛卡尔派和类似流派依据的原理通常是相同的；有很长时间，您似乎在主张他们的哲学怀疑论，但是最终您的结论与他们的观点刚好相反。

菲：海拉斯，您看那边喷水池中的水，它受力向上，形成圆柱形，达到一定高度，然后又折返，落回它原来上升的池中。它的一升一降，都是根据相同的统一定律或**引力**原理来进行的。同样，相同的原理，起初看来要走向怀疑论，但是探求到一定程度时，它们又把人们带回到了常识。

附录一

乔治·贝克莱年表

1685 年　3 月 12 日，贝克莱出生于爱尔兰基尔肯尼郡。

1696 年　进入基尔肯尼公学。

1700 年　进入都柏林三一学院。

1702 年　获得三一学院奖学金。

1704 年　获学士学位；约翰·洛克去世。

1707 年　当选为三一学院教管会成员。在接下来的三年间发展他的体系，这些被保存在现在叫作《哲学评论》(*Philosophical Commentaries*) 的笔记簿中。

1709 年　出版《视觉新论》(*Essay Towards a New Theory of Vision*)。

1710 年　被任命为爱尔兰教堂牧师；出版《人类知识原理》(*Principles of Human Knowledge*)。

1711 年　大卫·休谟出生。

1712 年　出版《消极的服从》(*Passive Obedience*)。

1713 年　第一次访问英格兰；出版《三篇对话》(*Three Dia-logues*)。访问巴黎。

1716—1720 年　作为克洛赫主教的儿子的私人教师，在法国和意大利旅行。

1720 年　"南海水泡"事件（The "South Sea Bubble"）使贝克莱对欧洲的理想破灭，导致他计划到新世界办学院。

1721 年　上一年在法国写的《论运动》(*De Motu*) 在不列颠出版。

1724 年　被任命为德里教区教长；伊曼努尔·康德出生。

1726 年　政府准许拨款 2 万英镑作为在新世界建学院的资金。

1728 年　与安妮·弗洛斯结婚。起航前往美洲弗吉尼亚。

1728—1731 年　住在爱尔兰罗德岛纽波特，等待拨款，布道，写作《艾尔西弗隆》(*Alciphron*)。

1731 年　得知拨款不会支付，回到英格兰。

1732 年　出版《艾尔西弗隆》。

1733 年　出版《关于视觉理论的辩护与解释》(*Theory of Vision Vindicated and Explained*)。

1734 年　任爱尔兰克洛因教区主教；出版《分析家》(*Analyst*)。贝克莱住在克洛因，办理主管教区的事务，为爱尔兰州的改善而工作，直至 1752 年。

1735 年　出版《保卫数学中的自由思维》(*Defence of Freethinking in Mathematics*)。

1735—1737 年　《提问者》的三部分分别在这三年间出版。

1739 年　休谟的《人性论》出版。

1744 年　出版《西利斯》(*Siris*)。

1752 年　离开克洛因前往牛津，看望他进入大学的儿子。与妻子育有三个孩子。

1753 年　1 月 14 日在牛津去世。被葬于牛津基督教会大教堂。

附录二

英汉译名对照

the efficient～动力因

chance偶然

chimera假想怪兽

Christian基督徒

combination组合物

configuration 形态

D

definition定义

demonstration证明（与论证 argument相对）

denomination单位类别

die骰子

dilemma二难推理

duration绵延

E

emotion情感

Epicureans伊壁鸠鲁主义者

Essay on Hum Underst《人类理智论》（洛克）

Essay towards a new Theory of Vision《视觉新论》（贝克莱）

exist without the mind 心外存在

extension广延

F

faculty才能

fatalist宿命论者

figure形状

foresight先见

freedom自由

G

geometry几何学

geometer几何学家

God 上帝

H

heathen异教徒

Hobbists霍布斯主义者

the Holy Scriptures《圣经》

I

idea观念

  general～一般观念

  abstract～抽象观念

image影像

immaterialism 非物质主义

immateriality非物质性

immortality不朽性

impressions印象

indolence无觉

infinitesimal无穷小量

J

James詹姆斯

John约翰

justice正义

K

Knowledge 知识、认识

  intuitive～直观知识

L

language语言

laws of nature自然律

likeness相似性

logic逻辑学

M

Manichean heresy摩尼邪教

materialist唯物论者

mathematician 数学家

mathematics数学

matter物质

maxims公理

  transcendental～先验公理

metaphysics形而上学

Methods of Providence天佑法

mind 心灵、心

miracle奇迹

mode样式

morality道德学

Moses摩西

motion运动

  absolute～绝对运动

  relative～相对运动

musician音乐家

my Self我自身

N

name名称

  general～通名

  proper～专名

necessity必然

nonexistence非存在

non-entity非存在体

nothing虚无

notion 概念

universal～普遍概念

number数字

O

objects对象

  sensible～可感对象

occasion缘由

omnipresence遍在

omniscience全知

P

paradox悖论

passion激情

pattern样本

peace和平

perceive感知（动词）

perception知觉

person人格

Peter皮特

phenomenon(phenomena) 现象

philosophy哲学

  corpuscular～微粒哲学

  natural～自然哲学

place地点

power能力

principle原理

  mechanical～机械原理

Q

quality性质

  primary～原始性质

  secondary～次生性质

  occult～隐秘性质

R

reality真实性

reason理性、推理

reflexion反思

religion宗教

resemblance肖像

rod手杖

S

Saviour救世主

scepticism怀疑论

sceptic怀疑论者

schoolmen经院学者

sign符号

situation位置

serpent蛇

Socinians索齐尼教徒

soul灵魂

space空间

  absolute～绝对空间

  relative～相对空间

  pure～纯粹空间

spirit精神

  created～被造精神

subject主体

substance实体

  unthinking～无思想的实体

  corporeal～有形实体

  unperceiving～无感知的实体

  material～物质实体

  immaterial～非物质的实体

substratum基础

  material～物质基础

succession连续

support支撑

supports支撑者

T

thing事物，东西

unthinking～无思想的事物

  thinking～能思想的东西

things themselves事物本身

third nature 第三自然

time时间

transubstantiation变体论

triangle三角形

  rectangle～直角三角形

  equicrural～等腰三角形

truth真理

U

uniformity齐一性

understanding理智

unity单一体

V

virtue美德

W

will意志

wisdom智慧

附录三

人名事项术语索引 *

---

* 索引以汉语拼音为序，数字页码为本书边码；对遍布全书的词项用黑体表示，均不注明页码。

译后记

做完索引，校对完最后文字，通读一遍后，《人类知识原理》与《三篇对话》的合集译本终于可以交稿了。一本约 17 万字的译稿，我前后花了两年多的时间。我着实感觉到了翻译的不易。当年鲁迅先生曾感叹，翻译比创作难。自己写作，可以避开难的东西，可翻译不行，你不能落下任何内容，再难也要硬着头皮翻译。

《人类知识原理》译著 2016 年在人民出版社出版后，译者在使用过程中又发现了一些错误。此次趁与《三篇对话》合集出版之机，对《原理》的译文进行了修改。

非常感谢人民出版社的编审张伟珍女士！张编审两次选择了我的译稿，是对我的充分信任。她在编辑过程中，与我多次联系和沟通，想尽量使书稿完善。正是因为有这样的职业坚守，中国的学术才获得了它应有的面貌。

张桂权

2021 年 7 月

于成都四川师大明珠园

责任编辑：张伟珍

图书在版编目（CIP）数据

人类知识原理和三篇对话 / ［英］乔治·贝克莱 著；张桂权译 . —北京：
　人民出版社，2022.3
ISBN 978－7－01－023684－1

I. ①人…　II. ①乔…②张…　III. ①贝克莱（Berkeley, George 1685—1753）－
　哲学思想　IV. ① B561.27

中国版本图书馆 CIP 数据核字（2021）第 169159 号

人类知识原理和三篇对话
RENLEI ZHISHI YUANLI HE SANPIAN DUIHUA

［英］乔治·贝克莱　著　张桂权　译

人民出版社 出版发行
（100706　北京市东城区隆福寺街 99 号）

北京汇林印务有限公司印刷　新华书店经销

2022 年 3 月第 2 版　2022 年 3 月北京第 1 次印刷
开本：710 毫米 ×1000 毫米 1/16　印张：19.5
字数：180 千字

ISBN 978－7－01－023684－1　定价：58.00 元

邮购地址 100706　北京市东城区隆福寺街 99 号
人民东方图书销售中心　电话：（010）65250042　65289539